Impressum
Verlag: BABADADA GmbH, Nedderfeld 112 , 22529 Hamburg
Geschäftsführer / Verlagsleitung: Harald Hof
Druck: Books on Demand GmbH, In de Tarpen 42, 22848 Norderstedt

Imprint
Publisher: BABADADA GmbH, Nedderfeld 112 , 22529 Hamburg, Germany
Managing Director / Publishing direction: Harald Hof
Print: Books on Demand GmbH, In de Tarpen 42, 22848 Norderstedt, Germany

ትምህርት ቤት

Szkoła

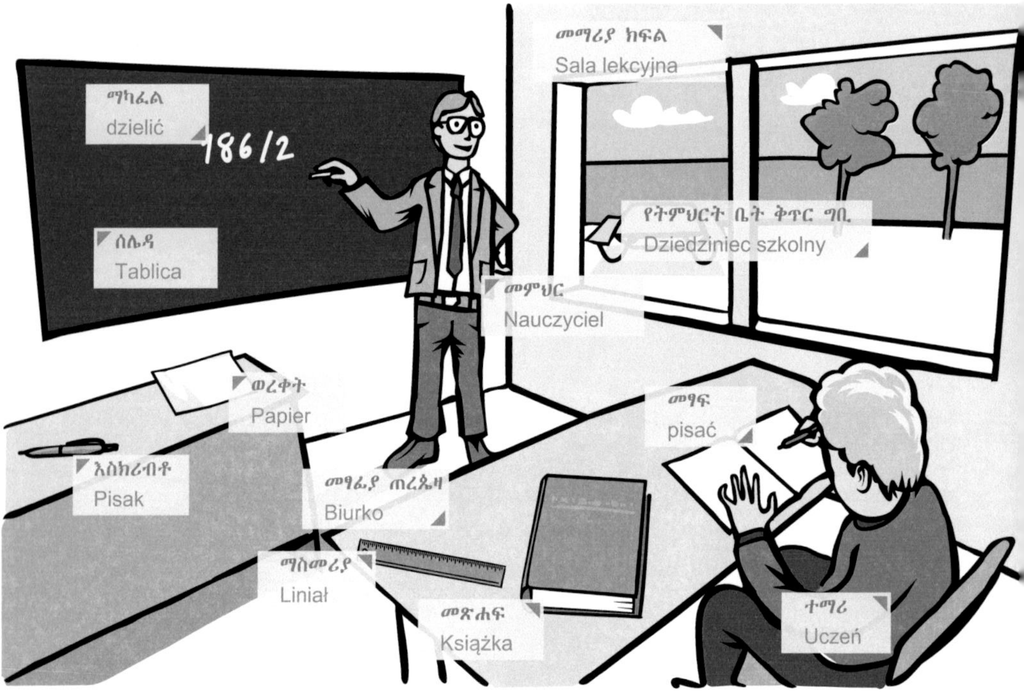

መማሪያ ክፍል
Sala lekcyjna
ማካፈል
dzielić
186/2
ሰሌዳ
Tablica
የትምህርት ቤት ቅጥር ግቢ
Dziedziniec szkolny
መምህር
Nauczyciel
ወረቀት
Papier
መፃፍ
pisać
እስክሪብቶ
Pisak
መፃፊያ ጠረጴዛ
Biurko
ማስመሪያ
Liniał
መጽሐፍ
Książka
ተማሪ
Uczeń

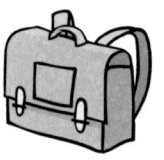

የጀርባ ቦርሳ

Plecak szkolny

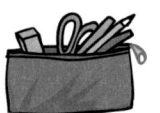

የእርሳስ መያዣ

Piórnik

እርሳስ

Ołówek

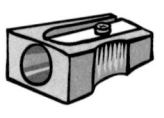

የእርሳስ መቅረጫ

Temperówka

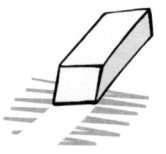

ላጲስ

Gumka do mazania

የስዕል ደብተር

Blok rysunkowy

ስዕል
....
Rysunek

የቀለም ብሩሽ
....
Pędzel

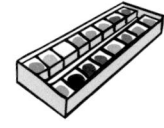

የቀለም ሳጥን
....
Pudełko z akwarelami

መቀስ
....
Nożyce

ማጣበቂያ
....
Klej

መልመጃ ደብተር
....
Książka do ćwiczenia

የቤት ስራ
....
Zadanie domowe

ቁጥር
....
Liczba

መደመር
....
dodawać

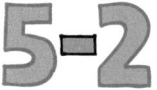

መቀነስ
....
odejmować

ማባዛት
....
mnożyć

ቁጥሮችን ማስላት
....
liczyć

ደብዳቤ
....
Litera

ፊደላት
....
Alfabet

ቃል
....
Słowo

ዕሑፍ

Tekst

ማንበብ

czytać

ጠመኔ

Kreda

ትምህርት

Godzina

ምዝገባ

Dziennik lekcyjny

ፈተና

Egzamin

ሰርተፊኬት

Świadectwo

የትምህርት ቤት የደንብ ልብስ

Mundurek szkolny

ትምህርት

Wykształcenie

አዉደ ጥበብ

Leksykon

ዩኒቨርስቲ

Uniwersytet

የምርምር አጉሊ መሳርያ

Mikroskop

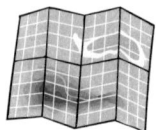

ካርታ

Mapa

የቆሻሻ ወረቀት መጣያ ቅርጫት

Kosz na odpadki

Podróż

ሆቴል
Hotel
Grand
ማረፊያ ቤት
Schronisko
ROOMS
የዉጭ ገንዘብ ምንዛሪ ቢሮ
Kantor wymiany walut
ልብስ መያዣ ሻንጣ
Walizka
መኪና
Auto

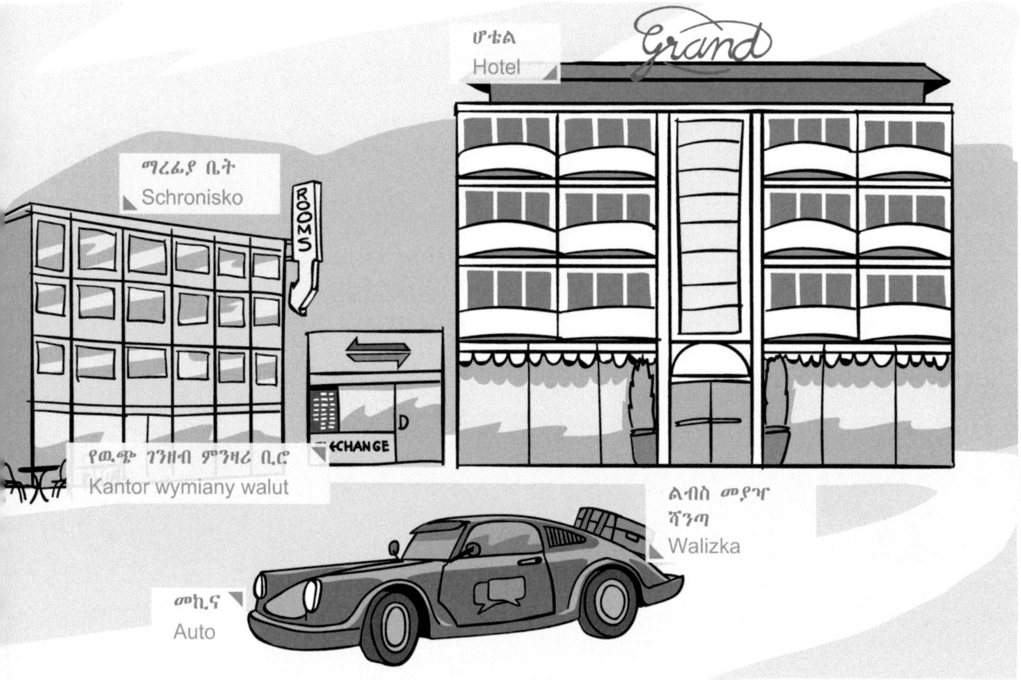

ቋንቋ

Język

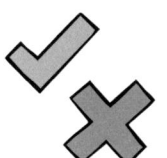

አዎ/ አይደለም

tak / nie

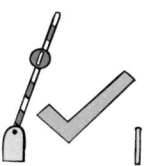

እሺ

OK

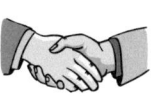

ሰላም

Halo

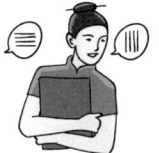

አስተርጓሚ

Tłumacz

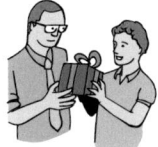

አመሰግናለሁ

Dziękuję

ስንት ነዉ.......?

Ile kosztuje ...?

አልገባኝም

Nie rozumiem

እክል

Problem

እንደምን አመሹ!

Dobry wieczór!

እንደምን አደሩ!

Dzień dobry!

መልካም ምሽት!

Dobranoc!

ደህና ይሰንብቱ

Do widzenia

አቅጣጫ

Kierunek

ሻንጣ

Bagaż

ቦርሳ

Torba

የጀርባ ቦርሳ

Plecak

እንግዳ

Gość

ክፍል

Pokój

የመተኛ ቦርሳ

Śpiwór

ድንኳን

Namiot

የጎብኚዎች መረጃ

Informacja turystyczna

የባህር ዳርቻ

Plaża

ክሬዲት ካርድ

Karta kredytowa

ቁርስ

Śniadanie

ምሳ

Obiad

እራት

Kolacja

ቲኬት

Bilet

አሳንሰር

Winda

ማህተም

Znaczek na list

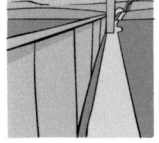

ድንበር

Granica

ባህሎች

Cło

ኤምባሲ

Ambasada

ቪዛ/የይለፍ ወረቀት

Wiza

ፓስፖርት

Paszport

Transport

አዉሮፕላን
Samolot

መርከብ
Statek

የእሳት አደጋ መኪና
Pojazd straży pożarnej

አዉቶቡስ
Autobus

የጭነት መኪና
Samochód ciężarowy

የሞተር ጀልባ
Łódź motorowa

ብስክሌት
Rower

መኪና
Auto

የማመላለሻ ጀልባ
Prom

ጀልባ
Łódź

የሞተር ብስክሌት
Motocykl

የፖሊስ መኪና
Radiowóz policyjny

የዉድድር መኪና
Samochód wyścigowy

የኪራይ መኪና
Samochód wypożyczony

የመኪና መጋራት

Wspólne przejazdy
samochodem

ጎታች መኪና

Samochód pomocy
drogowej

የቆሻሻ ጭነት መኪና

Śmieciarka

ሞተር

Silnik

ነዳጅ

Benzyna

የቤንዚን ማደያ

Stacja benzynowa

የመንገድ ምልክት

Znak drogowy

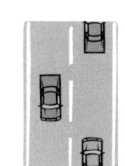

የመኪኖች እንቅስቃሴ

Ruch

የመኪና መጨናነቅ

Korek

የመኪና ማቆሚያ

Parking

የባቡር ጣቢያ

Dworzec

የባቡር ሀዲዶች

Szyny

ባቡር

Pociąg

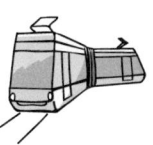

የኤሌክትሪክ ባቡር

Tramwaj

ሰረገላ

Wagon

ሄሊኮፕተር

Helikopter

አየር ማረፊያ

Lotnisko

ማማ

Wieża

መንገደኛ

Pasażer

ማስቀመጫ፤ ማጠራቀሚያ

Kontener

ካርቶን እቃ ማሸጊያ

Karton

ጋሪ፤ ተሳቢ

Taczka

ቅርጫት

Kosz

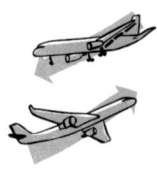

መነሳት/ ማረፍ

startować / lądować

ከተማ

Miasto

መንደር

Wieś

የከተማ ማዕከል

Centrum miasta

ቤት

Dom

ሲኒማ
Kino

ማስታወቂያ
Reklama

የመንገድ ዳር መብራት
Latarnia uliczna

CINEMA

መንገድ
Ulica

ታክሲ
Taksówka

የኩርስ መቆያ ሱቅ
Kiosk

እግረኛ
Pieszy

ድንጋይ የተነጠፈበት የእግረኛ
መንገድ
Chodnik

የእግረኛ መሻገሪያ
Pasy dla pieszych

የቆሻሻ ማጠራቀሚያ
Kubeł na śmieci

ማቋረጫ
Skrzyżowanie

የትራፊክ
መብራቶች
Lampa

ጎጆ
Chata

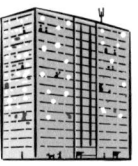

አፓርታማ
Mieszkanie

የባቡር ጣቢያ
Dworzec

የከተማ አዳራሽ
Ratusz

ቤተ መዘክር
Muzeum

ትምህርት ቤት
Szkoła

ዩኒቨርስቲ

Uniwersytet

ባንክ

Bank

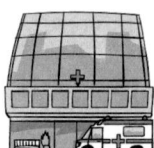

ሆስፒታል

Szpital

ሆቴል

Hotel

መድሐኒት ቤት

Apteka

ቢሮ

Biuro

መፅሐፍ መሸጫ

Księgarnia

ሱቅ

Sklep

የአበባ መሸጫ

Kwiaciarnia

የሸቀጣ ሸቀጥ መደብር

Supermarket

ገበያ ስፍራ

Rynek

መደብር

Dom towarowy

የዓሳ ነጋዴ

Sklep z rybami

የገበያ ማዕከል

Centrum handlowe

ወደብ

Port

መናፈሻ ቦታ

Park

አግዳሚ ወንበር

Ławka

ድልድይ

Most

ደረጃዎች

Schody

ዉስጥ ለዉስጥ

Metro

ዋሻ

Tunel

የአዉቶቡስ ፌርማታ

Przystanek autobusowy

ባር

Bar

ምግብ ቤት

Restauracja

የፖስታ ሳጥን

Skrzynka na listy

የመንገድ ምልክት

Tabliczka z nazwą ulicy

የመኪና ማቆሚያ ሒሳብ የሚያሰላ ማሽን

Parkometr

የደር እንስሳት ማቆያ

Zoo

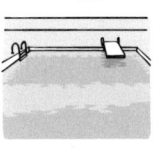

የመዋኛ ገንዳ

Łaźnia

መስጊድ

Meczet

እርሻ

Gospodarstwo chłopskie

የሚበክል ነገር

Zanieczyszczenie środowiska

መቃብር ስፍራ

Cmentarz

ቤተ ክርስቲያን

Kościół

መጫወቻ ሜዳ

Plac zabaw

ቤተ መቅደስ

Świątynia

መልከዓምድር

Krajobraz

ቅጠል
Liść

የመንገድ ላይ ምልክት
Drogowskaz

መንገድ
Droga

አረንጓዴ መስክ
Łąka

ድንጋይ
Kamień

ዛፍ
Drzewo

በእግሩ የሚጓዝ
Wędrowiec

ወንዝ
Rzeka

ሳር
Trawa

አበባ
Kwiat

ሸለቆ

Dolina

ኮረብታ

Góra

ሀይቅ

Jezioro

ጫካ

Las

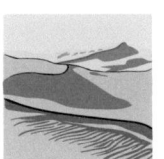

በረሃ

Pustynia

እሳተ ገሞራ

Wulkan

ግምብ

Zamek

ቀስተ ዳመና

Tęcza

እንጉዳይ

Grzyb

የቴምብር ዛፍ/ ዘንባባ

Palma

ቢንቢ/ የወባ ትንኝ

Komar

በራሪ

Mucha

ጉንዳን

Mrówka

ንብ

Pszczoła

ሸረሪት

Pająk

ጢንዚዛ

Chrząszcz

እንቁራሪት

Żaba

ሽኮኮ

Wiewiórka

ጃርት

Jeż

ጥንቸል

Zając

ጉጉት ወፍ

Sowa

ወፍ

Ptak

የዉሃ ዳክዬ

Łabędź

ከርከሮ

Dzik

አጋዘን

Jeleń

አጋዘን

Łoś

ግድብ

Tama

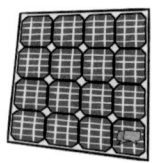

በነፋስ የሚሽከረከር

Wiatrak

የፀሀይ ፓኔሎ

Moduł solarny

አየር ንብረት

Klimat

ምግብ ቤት
Restauracja

አስተናጋጅ
Kelner
ማውጫ
Menu
ወንበር
Krzesło
ሾርባ
Zupa
ፒዛ
Pizza
መክተፊያ
Sztućce
የጠረጴዛ ጨርቅ
Obrus

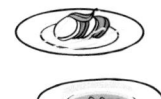

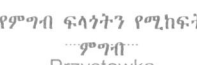

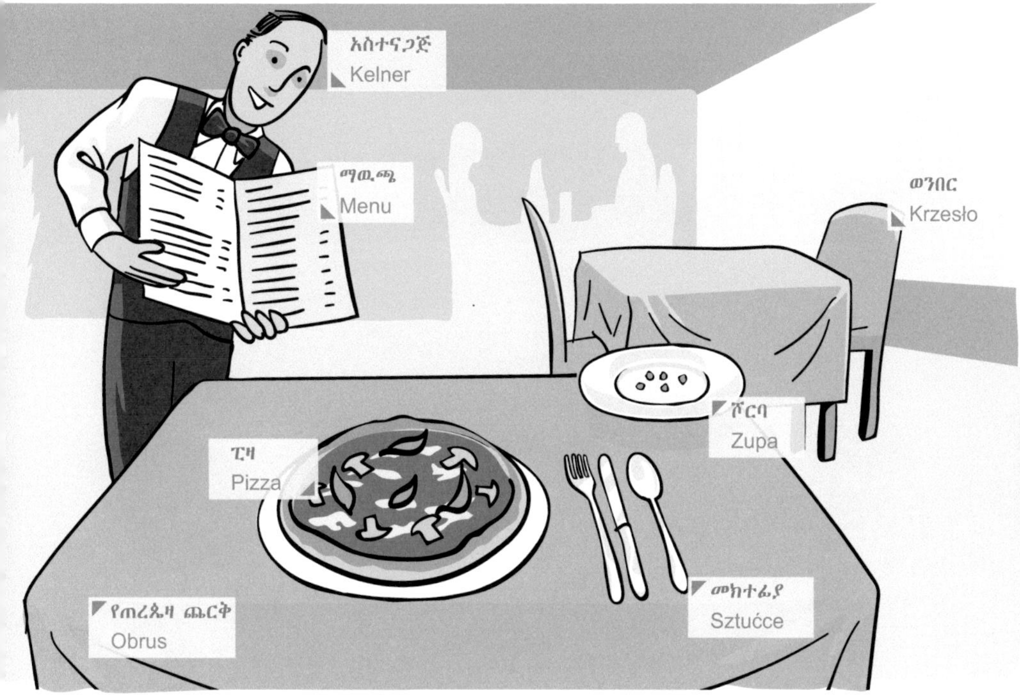

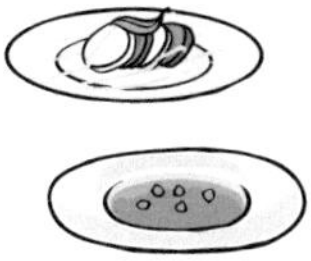

የምግብ ፍላጎትን የሚከፍት ምግብ
Przystawka

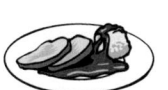

ዋና ምግብ
Danie główne

ማጣጣሚያ ተከታይ ምግብ
Deser

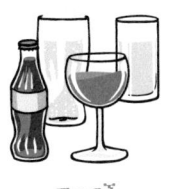

መጠጦች
Napoje

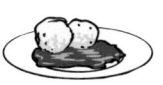

ምግብ
Jedzenie

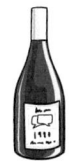

ጠርሙስ
Butelka

ፈጣን ምግብ

Fastfood

የመንገድ ምግብ

Streetfood

የሻይ ማንቆቆሪያ

Dzbanek na herbatę

የስኳር እቃ

Cukierniczka

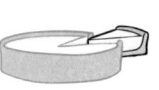

ድርሻ

Porcja

የቡና ማፊያ ማሽን

Zaparzarka do espresso

ባለጌ ወንበር

Krzesło dla dziecka

የክፍያ ደረሰኝ

Rachunek

ትሪ

Taca

ቢላዋ

Noż

ሹካ

Widelec

ማንኪያ

Łyżka

የሻይ ማንኪያ

Łyżeczka

ልብስ ምግብ እንዳይነካ የሚፈዳ
ጨርቅ

Serwetka

ብርጭቆ

Szklanka

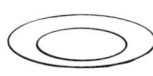

ዝርግ ሰህን

Talerz

የሾርባ ጎድጓዳ ሰህን

Talerz do zupy

የስኒ ማስቀመጫ

Podstawek pod filiżankę

ማጣፈጫ ስጎ

Sos

የጨዉ እቃ

Solniczka

የተፈጨ ቃሪያ

Młynek do pieprzu

ኮምጣጤ

Ocet

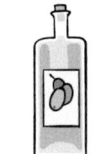

የምግብ ዘይት

Olej

ቀመማ ቅመሞች

Przyprawy

የቲማቲም ድልህ

Keczup

ሰናፍጭ

Musztarda

ማዮኔዝ

Majonez

የሸቀጣ ሸቀጥ መደብር

Supermarket

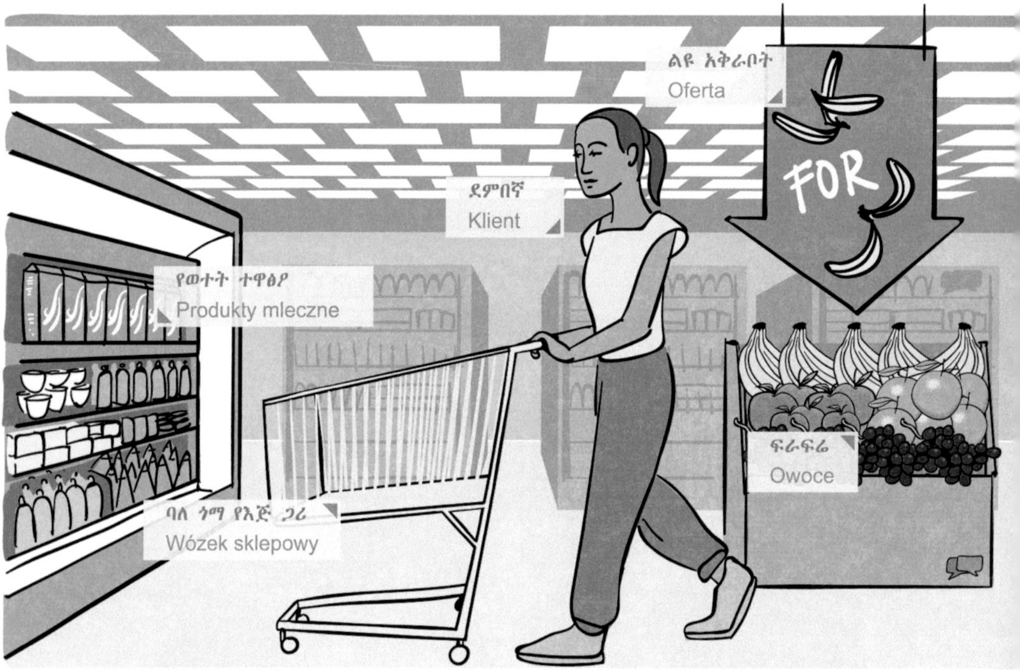

ልዩ አቅራቦት
Oferta
FOR
ደምበኛ
Klient
የወተት ተዋፅዖ
Produkty mleczne
ፍራፍሬ
Owoce
ባለ ጎማ የእጅ ጋሪ
Wózek sklepowy

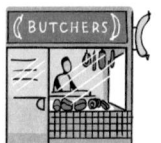

BUTCHERS

ሉካንዳ ነጋዴ

Rzeźnia

BAKERY

መጋገርያ

Piekarnia

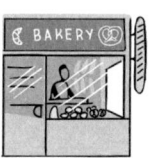

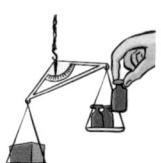

ክብደት መመዘን

ważyć

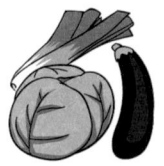

ቅጠላ ቅጠል አትክልት

Warzywa

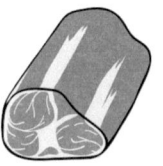

ስጋ

Mięso

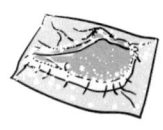

የቀዘቀዘ/የረጋ ምግብ

Mrożonki

ቀዝቃዛ ቁራጭ

Wędliny

የታሸገ ምግብ

Konserwy

የማጠቢያ ዱቄት

Proszek m do prania

ጣፋጮች

Słodycze

የቤት ዕስተ ዕቃቶች

Artykuły użytku domowego

የፅዳት ምርቶች

Środek czyszczący

የሽያጭ ባለሙያ

Sprzedawczyni

የገንዘብ መመዝቢያ ማሽን

Kasa

የሒሳብ ሰራተኛ

Kasjer

የግጉ ዝርዝር

Lista zakupów

ክፍት ስዓታት

Godziny otwarcia

የኪስ ቦርሳ

Portfel

ክሬዲት ካርድ

Karta kredytowa

ቦርሳ

Torba

የፕላስቲክ ቦርሳ

Torebka plastikowa

ዉሃ

Woda

ጭማቂ

Sok

ወተት

Mleko

ኮካ-ኮላ

Cola

ወይን

Wino

ቢራ

Piwo

አልኮል

Alkohol

ኮካ

Kakao

ሻይ

Herbata

ቡና

Kawa

የተፈላ ቡና

Espresso

ካፑቺኖ

Cappuccino

መሙዝ

Banan

ፖም

Jabłko

ብርቱካን

Pomarańcza

ሀብሀብ

Arbuz

ሎሚ

Cytryna

ካሮት

Marchew

ነጭ ሽንኩርት

Czosnek

ሸምበቆ

Bambus

ቀይ ሽንኩርት

Cebula

እንጉዳይ

Grzyb

ለውዝ

Orzechy

የህፃናት ምግብ

Makaron

ፓስታ

Spaghetti

ሩዝ

Ryż

ሰላጣ

Sałatka

የድንች ጥብስ

Frytki

ድንች ጥብስ

Ziemniaki pieczone

ፒዛ

Pizza

ዳቦ ዉስጥ በስሱ ተጠብሶ የገባ
ስጋ
Hamburger

ሳንድዊች

Kanapka

ጥሬ ስጋ

Sznycel

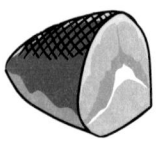

የአሳማ ስጋ

Szynka

በቅመምና በጨዉ የታሸ ምግብ
ቀዝቀዞ የሚበላ ሾርባ ምግብ

Salami

ቋሊማ

Kiełbasa

ዶሮ

Kura

ጥብስ

Pieczeń

አሳ

Ryba

የአጃ ገንፎ

Płatki owsiane

ከወተት ጋር ተደባልቀዉ የሚበሉ ምግቦች

Musli

የበቆሎ ቅርፊት

Płatki kukurydziane

ዱቄት

Mąka

ኩራሳ

Croissant

ድብልብል ዳቦ

Bułka

ዳቦ

Chleb

መጥበስ

Toast

ብስኩት

Ciastka

ቅቤ

Masło

እርጎ

Twarożek

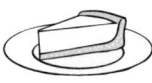

ኬክ

Ciasto

እንቁላል

Jajko

እንቁላል ጥብስ

Jajko sadzone

አይብ

Ser

የበረዶ ክሬም

Lody

ስኳር

Cukier

ማር

Miód

ማርማላት

Marmolada

የተናጠ የወተት ክሬም

Krem nugatowy

ማጣፈጫ

Curry

እርሻ
Gospodarstwo chłopskie

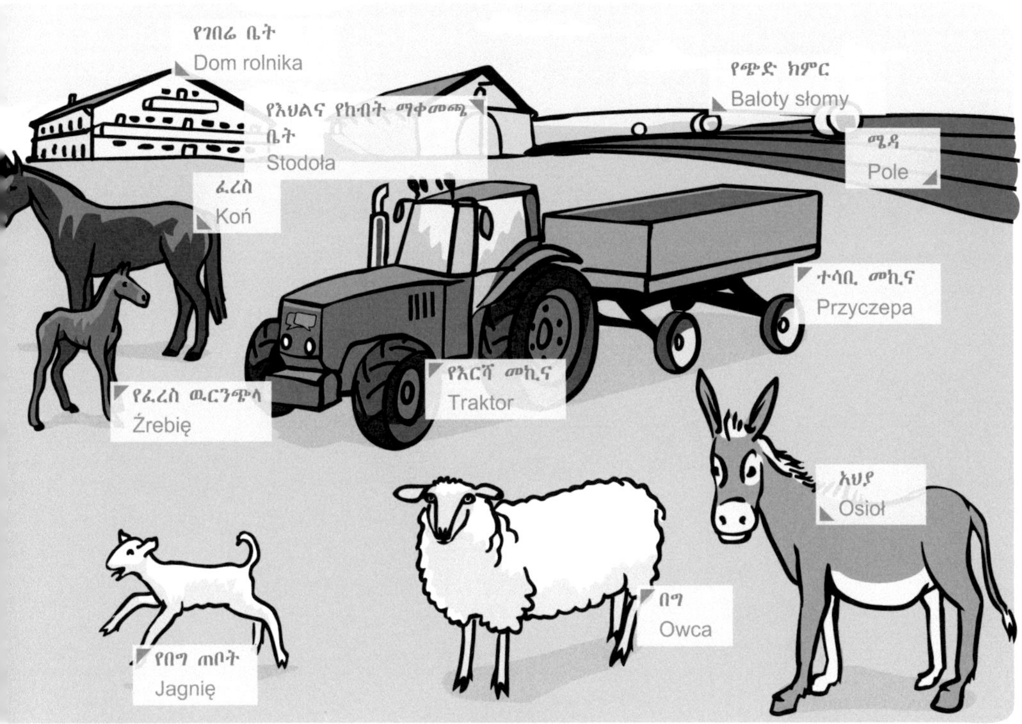

የገበሬ ቤት
Dom rolnika
የእህልና የከብት ማቀመጫ ቤት
Stodoła
የጭድ ክምር
Baloty słomy
ሜዳ
Pole
ፈረስ
Koń
ተሳቢ መኪና
Przyczepa
የፈረስ ዉርንጭላ
Źrebię
የእርሻ መኪና
Traktor
አህያ
Osioł
በግ
Owca
የበግ ጠቦት
Jagnię

ፍየል

Koza

ላም

Krowa

ጥጃ

Cielę

አሳማ

Świnia

ግልገል አሳማ

Prosię

ኮርማ

Byk

ዝይ

Gęś

ዳክዬ

Kaczka

የዶሮ ጫጩት

Kurczątko

ዶር

Kura

አዉራ ዶሮ

Kogut

አይጥ

Szczur

ደድመት

Kot

አይጥ

Mysz

በሬ

Osioł

ዉሻ

Pies

የዉሻ ቤት

Buda dla psa

የአትክልት ቦታ

Wąż ogrodowy

ዉሃ ማጠጫ ባልዲ

Konewka

ረጅም ማጭድ

Kosa

ማረሻ

Pług

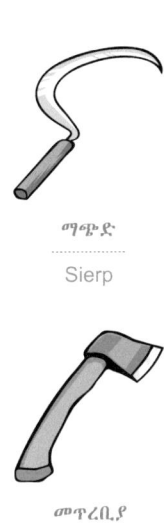

ማጭድ

Sierp

መኮትኮቻ

Graca

የእህል መንሽ

Widły

መጥረቢያ

Siekiera

ኩርኩር/ የእጅ ጋሪ

Taczka

ገንዳ

Koryto

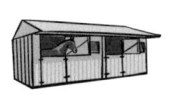

የወተት ዕቃ

Kanka na mleko

ጆንያ ከረጢት

Worek

አጥር

Płot

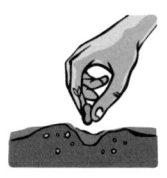

የፈረስ ጋጣ

Stajnia

ዕፅዋት ማሳደጊያ የመስታዉት ቤት

Szklarnia

አፈር

Ziemia

ዘር

Nasiona

የመሬት ማዳበሪያ

Nawóz

ጥምር ማረሻ

Kombajn zbożowy

አዝመራ መሰብሰብ

zbierać

አዝመራ

Żniwa

ድንች

Podchrzyn

ስንዴ

Pszenica

ሶያ

Soja

ድንች

Ziemniak

በቆሎ

Kukurydza

የከብት መኖ

Rzepak

የፍሬ ዛፍ

Drzewo owocowe

የካሳቫ ዛፍ

Maniok

እህል

Zboże

የጪስ ማዉጫ
Komin

ጣራ
Dach

አሸንዳ
Rynna deszczowa

መስኮት
Okno

ጋራዥ
Garaż

የበር ደወል
Dzwonek

በር
Drzwi

የቆሻሻ ማጠራቀሚያ
Wiaderko na śmieci

ፖስታ ሳጥን
Skrzynka na listy

የአትክልት ቦታ
Ogród

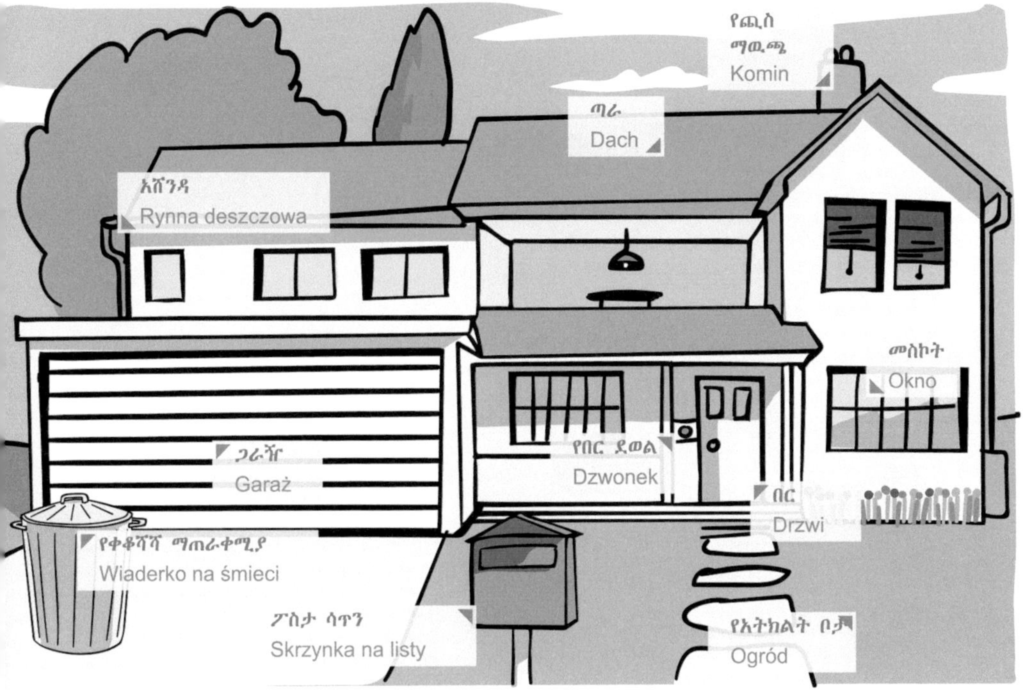

ሳሎን

Pokój dzienny

መታጠቢያ ቤት

Łazienka

ማድቤት

Kuchnia

መኝታ ቤት

Sypialnia

የልጅ ክፍል

Pokój dziecięcy

መመገቢያ ክፍል

Jadalnia

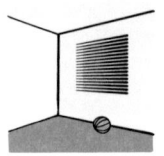

ወለል

Ziemia

ግድግዳ

Ściana

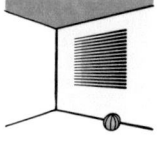

ጣሪያ

Koc

ምድር ቤት

Piwnica

በእንፋሎት ሙቀት መታጠቢያ ቤት

Sauna

ሰገነት

Balkon

ከፍ ያለ መደብ

Taras

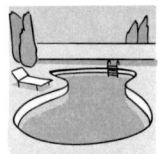

የመዋኛ ገንዳ

Basen

የማጨጃ መኪና

Kosiarka do trawy

አንሶላ

Poszwa

የአልጋ ልብስ

Kołdra

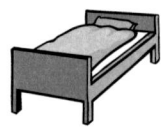

አልጋ

Łóżko

መጥረጊያ

Miotła

ባልዲ

Wiadro

ማብሪያና ማጥፊያ

Włącznik

Pokój dzienny

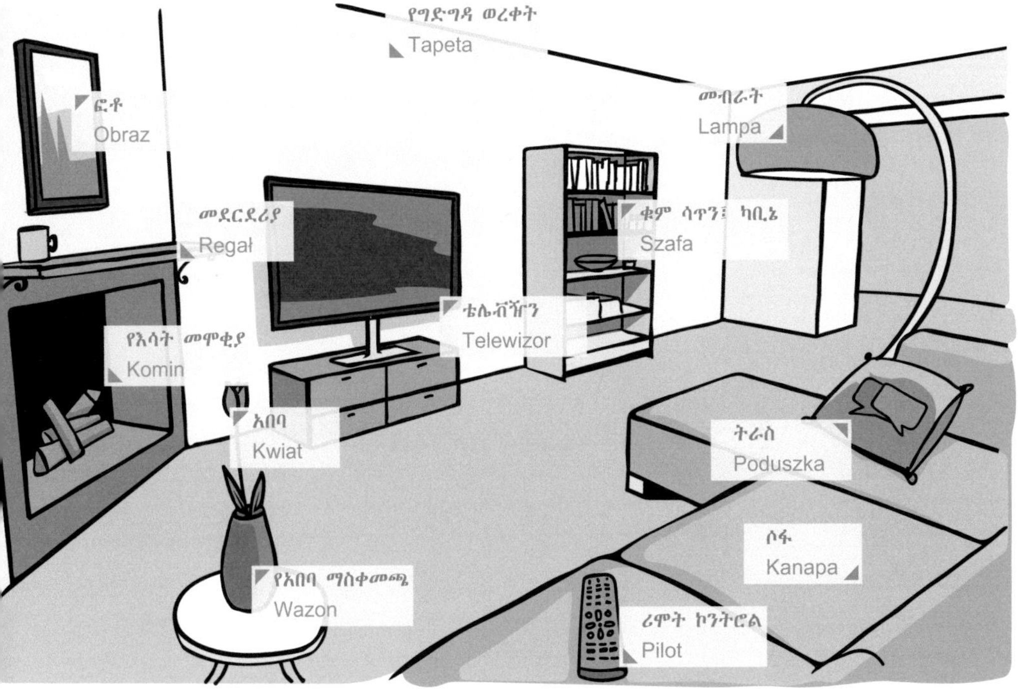

የግድግዳ ወረቀት
Tapeta

ፎቶ
Obraz

መብራት
Lampa

መደርደሪያ
Regał

ቁም ሳጥን፣ ካቢኔ
Szafa

ቴሌቪዥን
Telewizor

የእሳት መሞቂያ
Komin

አበባ
Kwiat

ትራስ
Poduszka

የአበባ ማስቀመጫ
Wazon

ሶፋ
Kanapa

ሪሞት ኮንትሮል
Pilot

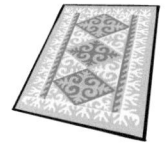

ንጣፍ
Dywan

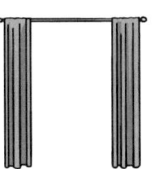

መጋረጃ
Zasłona

ጠረጴዛ
Stół

ወንበር
Krzesło

ተወዛዋዥ ወንበር
Bujak

ባለመደገፊያ ወንበር
Fotel

መጽሐፍ

Książka

ብርድ ልብስ

Sufit

ጌጥ

Dekoracja

ማገዶ

Drewno kominkowe

ፊልም

Film

የሙዚቃ መጫወቻ

Instalacja stereo

ቁልፍ

Klucz

ጋዜጣ

Gazeta

ስዕል

Malunek

የተለጠፈ ማስታወቂያ እንደ ስዕል

Plakat

ራዲዮ

Radio

ማስታወሻ ደብተር

Notatnik

የአየር ማፅጃ ለምንጣፍ

Odkurzacz

ቁልቁል

Kaktus

ሻማ

Świeczka

ማድቤት
Kuchnia

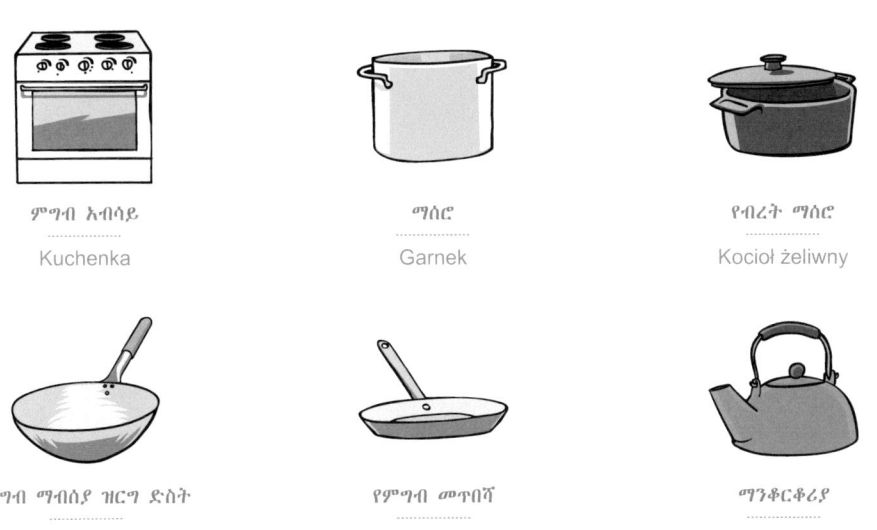

ማቀዝቀዣ
Lodówka
ማይክሮዌቭ ምግብ ማብሰያ
Kuchenka mikrofalowa
የኩሽና መመዘኛ ሚዛን
Waga kuchenna
ዳቦ መጥበሻ
Toster
ንፁህ ማድረጊያ
Środek czyszczący
ምድጃ
Piekarnik
ማቀዝቀዣ
Przegródka zamrażalnika
የቆሻሻ ማጠራቀሚያ
Wiaderko na śmieci
እቃ ማጠቢያ
Zmywarka do naczyń

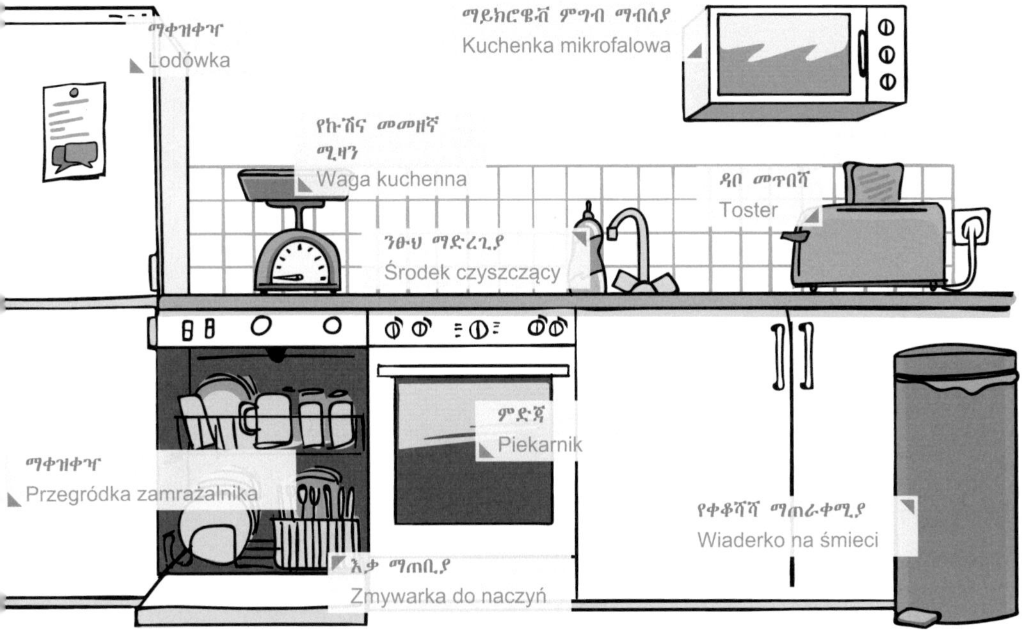

ምግብ አብሳይ

Kuchenka

ማሰሮ

Garnek

የብረት ማሰሮ

Kocioł żeliwny

ምግብ ማብሰያ ዝርግ ድስት

Wok / Kadai

የምግብ መጥበሻ

Patelnia

ማንቆርቆሪያ

Czajnik

የእንፉሎት ማብሰያ

Parowar

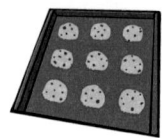

የመጋገሪያ ትሪ

Blacha do pieczenia

ሰብስቦች

Naczynia kuchenne

ትልቅ ኩባያ

Kubek

ጎድንዳ ሳህን

Miska

ቾፕስቲክስ

Pałeczki

ጭልፉ

Nabierka

መሰቅሰቂያ ዝርግ ማንኪያ

Łopatka do smażenia

ማደባለቂያ

Trzepaczka do śmietany

መወጠሪያ

Cedzak

ወንፊት

Sitko

መፈርፈሪያ መሳሪያ

Tarka

ሲሚንቶ

Moździerz

የፍም ጥብስ

Grillowanie

የተለቀቀ እሳት

Palenisko

መክተፊያ

Deska

ተንሸራታች መርፌ

Wałek do ciasta

የጠርሙስ መክፈቻ

Korkociąg

ጣሳ

Puszka

የጣሳ መክፈቻ

Otwieracz do puszek

የማሰሮ መሸፈኛ

Ściereczka do trzymania garnka

ሳህን ማጠቢያ

Umywalka

ብሩሽ

Szczotka

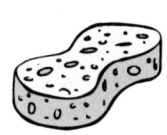

ስፖንጅ

Gąbka

መደባለቂያ መሳሪያ

Mikser

በጣም ማቀዝቀዣ

Zamrażarka

ጡጦ

Butelka dla niemowlęcia

ቧንቧ

Kran

መታጠቢያ ቤት

Łazienka

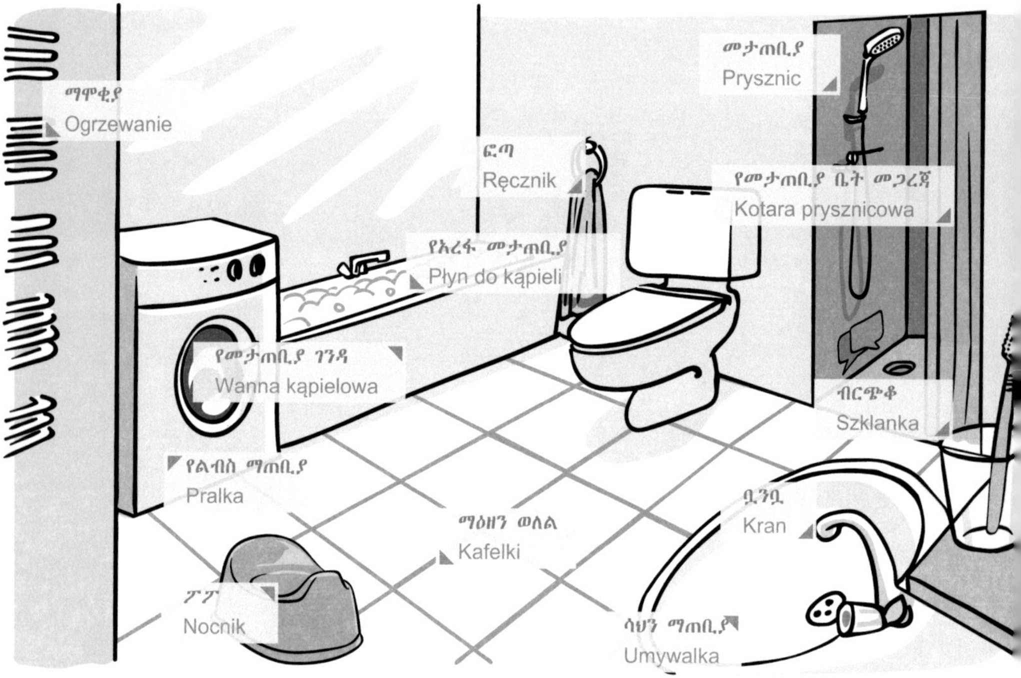
ማሞቂያ
Ogrzewanie
መታጠቢያ
Prysznic
ፎጣ
Ręcznik
የመታጠቢያ ቤት መጋረጃ
Kotara prysznicowa
የአረፋ መታጠቢያ
Płyn do kąpieli
የመታጠቢያ ገንዳ
Wanna kąpielowa
ብርጭቆ
Szklanka
የልብስ ማጠቢያ
Pralka
ቧንቧ
Kran
ማዕዘን ወለል
Kafelki
ፖፖ
Nocnik
ሳህን ማጠቢያ
Umywalka

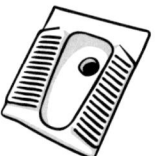

ሽንት ቤት

Toaleta

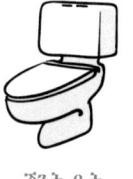

የሽንት ቤት መቀመጫ

Toaleta kuczna

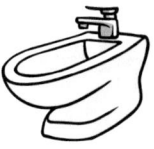

ሳፋ

Bidet

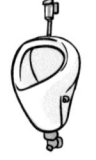

የመንገድ ዳር መሽኛ

Pisuar

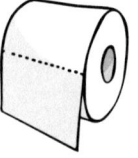

የሽንት ቤት ወረቀት

Papier toaletowy

የሽንት ቤት ማፅጃ ብሩሽ

Szczotka toaletowa

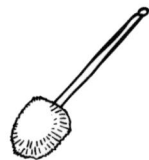

የጥርስ ብሩሽ

Szczoteczka do zębów

የጥርስ ሳሙና

Pasta do zębów

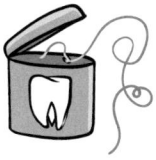

የጥርስ ማፅጃ ክር

Nitki do czyszczenia zębów

መታጠብ

myć

የእጅ መታጠቢያ

Głowica prysznicowa

መታጠቢያ

Płyn kąpielowy do higieny intymnej

ጎድጓዳ ሳህን

Miska do mycia

የጀርባ ብሩሽ

Szczotka kąpielowa

ሳሙና

Mydło

መታጠቢያ የሚዝለገለግ ሳሙና

Żel prysznicowy

የፀጉር መታጠቢያ ሳሙና

Szampon

ለስላሳ ጨርቅ

Rękawica kąpielowa

ፍሳሽ

Odpływ

ክሬም

Krem

ጠረን መቀየሪያ ንጥረ ነገር

Dezodorant

መስታወት

Lustro

የእጅ መስታወት

Lustro kosmetyczne

ምላጭ

Golarka

የመላጫ አረፋ

Pianka do golenia

ከመላጨት በኋላ የሚቀባ ሽቱ

Woda po goleniu

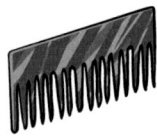

ማበጠሪያ

Grzebień

ብሩሽ

Szczotka

የፀጉር ማድረቂያ

Suszarka do włosów

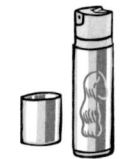

በፀጉር ላይ የሚነፋ

Spray do włosów

የፊት መቀባቢያ

Makijaż

የከንፈር ቀለም

Pomadka

የጥፍር ቀለም

Lakier do paznokci

የጥጥ ሱፍ

Wata

ጥፍር መቁረጫ

Nożyczki do paznokci

ሽቶ

Perfum

ማጠቢያ ባልዲ

Kosmetyczka

መቀመጫ

Taboret

ሚዛን

Waga

የመታጠቢያ ልብስ

Szlafrok kąpielowy

የላስቲክ ጓንት

Rękawice gumowe

ሞደስ

Tampon

የዕዳት ፎጣ

Podpaska damska

የሽንት ቤት ኬሚካል

Toaleta chemiczna

የልጅ ክፍል

Pokój dziecięcy

የማንቂያ ደዉል ሰዐት
Budzik
የህፃን አሻንጉሊት
Pluszowa przytulanka
የመጫወቻ መኪና
Samochodzik
የአሻንጉሊት ቤት
Domek dla lalek
ስጦታ
Prezent
ማንገጫገጫ
መጫወቻ
Grzechotka

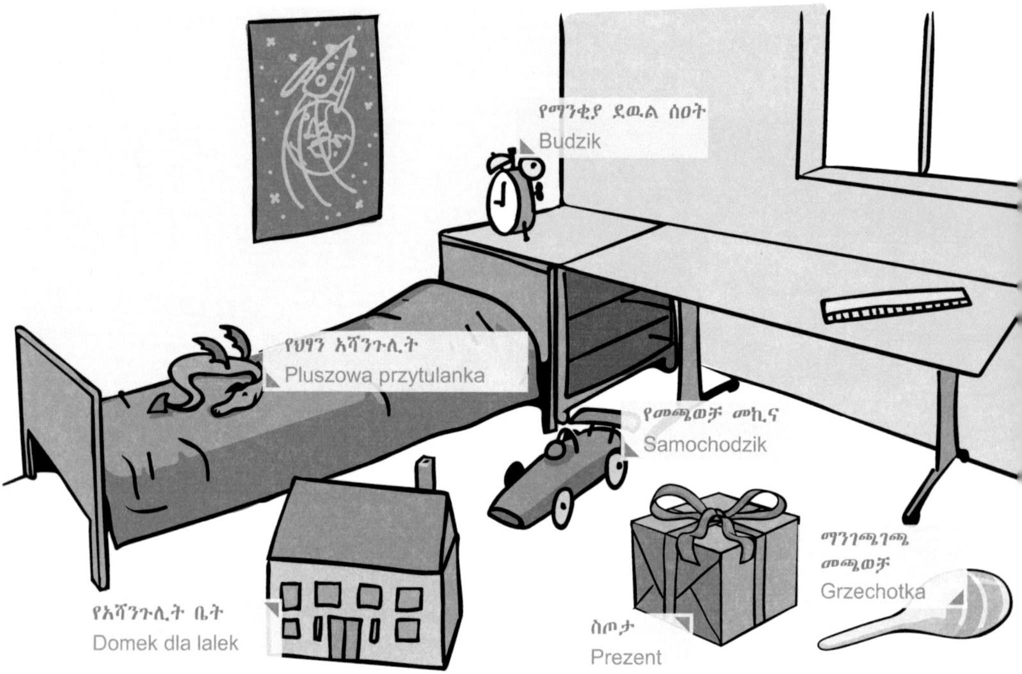

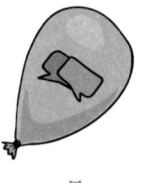

ፊኛ

Balon

አልጋ

Łóżko

የህፃን ማንሸራሸሪያ ጋሪ

Wózek dziecięcy

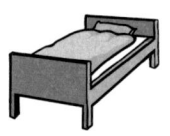

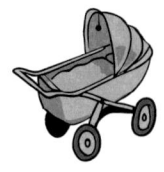

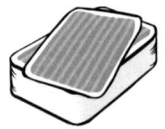

የካርታ መጫወቻ

Gra w karty

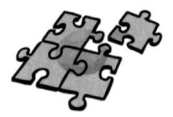

ቁርጥራጭ ምስሎችን የማገጣጠም
እና ምስል የማግኘት ጨዋታ

Puzzle

SUPER
MEGA

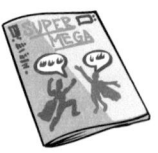

አዝናኝ

Komiks

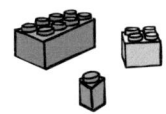

ተገጣጣሚ መጫወቻ

Klocki lego

የመጫወቻ መገጣጠሚያዎች

Klocki

የድርጊት ምስል

Action figura

የህፃን እድገት

Śpioszek dziecięcy

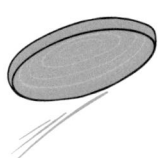

የፕላስቲክ መጫወቻ ዝርግ ሰሀን

Frisbee

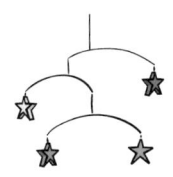

ተወዛዋዥ የህፃን ማጫወቻ

Zabawki ruchome

የሰሌዳ ጨዋታ

Gra planszowa

የመጫወቻ ጠጠር

Kości

የመጫወቻ ባቡር

Kolejka elektryczna

የእንጀራ እናት ጡጦ

Smoczek

ድግስ

Przyjęcie

የስዕል መፅሀፍ

Książka z ilustracjami

ኳስ

Piłka

አሻንጉሊት

Lalka

መጫወት

bawić się

የአሸዋ መጫወቻ

Piaskownica

ሽዋሽዋ

Huśtawka

መጫወቻዎች

Zabawki

የቪዲዮ መጫወቻ

Konsola do gier

ባለ ሶስት ጎማ ብስክሌት

Rowerek trójkołowy

የአሻንጉሊት ድብ

Pluszowy miś

ቁምሳጥን

Szafa ubraniowa

አልባሳት

Ubiór

ካልሲዎች

Skarpety

ስቶኪንጎች

Pończochy

ታይት

Rajstopy

የአንገት ልብስ
Szal

ጥንጥላ
Parasol

ክናቴራ
T-Shirt

ቀበቶ
Pasek

ቡቲ
Kozaki

የቤት ዉስጥ ነጠላ ጫማ
Pantofle domowe

ስኒከሮች
Obuwie sportowe

ነጠላ ጫማዎች
Sandały

ጫማዎች
Buty

የዝናብ ቡትስ
Kalosze

ሙታንታ
Majtki

ጡት መያዣ
Biustonosz

ሰደርያ
Podkoszulek

ሰዊነት

Body

ሱሪዎች

Spodnie

ጅንስ

Dżins

ጉርድ ቀሚስ

Spódnica

ሽሚዝ

Bluzka

ሽሚዝ

Koszula

የሚጠለቅ ሹራብ

Pulower

ሹራብ

Bluza sportowa

ዩኒፎርም ጃኬት

Marynarka

ጃኬት

Kurtka

ኮት

Płaszcz

የዝናብ ኮት

Płaszcz przeciwdeszczowy

ልብስ

Kostium

ቀሚስ

Sukienka

የሙˇሸራ ቀሚስ

Suknia ślubna

ሱፍ

Garnitur męski

የለሊት ልብስ

Koszula nocna

የለሊት ልብስ

Piżama

ሪጅም ቀሚስ

Sari

ሒጃብ

Chusta na głowę

ጥምጣም

Turban

ቡርቃ

Burka

ሸርጥ

Kaftan

አባያ

Abaya

የዋና ልብስ

Strój kąpielowy

አጭር ቁምጣ

Kąpielówki

ቁምጣዎች

Krótkie spodnie

የስራ ቁታ

Dres sportowy

ሸርጥ

Fartuch

ጓንት

Rękawiczki

ቁልፍ

Guzik

መነጽር

Okulary

አምባር

Bransoletka

የአንገት ሀብል

Łańcuszek

ቀለበት

Pierścionek

የጆሮ ጌጥ

Kolczyk

ኮፍያ

Czapka

የኮት መስቀያ

Wieszak

ኮፍያ

Kapelusz

ከረባት

Krawat

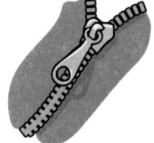

ዚፕ

Zamek błyskawiczny

የብረት ቆብ

Kask

መደገፊያ

Szelki

የትምህርት ቤት የደንብ ልብስ

Mundurek szkolny

የደንብ ልብስ

Mundur

መሳረብ

Śliniaczek

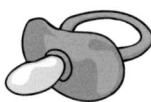

የእንጀራ እናት ጡጦ

Smoczek

ሽንት ጨርቅ

Pieluszka

ማስራጫ ጣቢያ
Serwer

የፋይል መደርደሪያ ካቢኔ
Szafa na akta

የህትመት መሳሪያ
Drukarka

መቆጣጠሪያ
Monitor

ወረቀት
Papier

መፃፊያ ጠረጴዛ
Biurko

ማዊዝ
Mysz

ማህደር
Segregator

የመፃፊ ቁልፎች
Klawiatura

የቆሻሻ ወረቀት መጣያ ቅርጫት
Kosz na odpadki

ኮምፒዉተር
Komputer

ወንበር
Krzesło

የቡና መጠጫ ትልቅ ኩባያ

Filiżanka do kawy

ማስሊያ ማሽን

Kalkulator

ኢንተርኔት

Internet

ላፕቶፕ

Laptop

ደብዳቤ

List

መልዕክት

Wiadomość

ተንቀሳቃሽ ስልክ

Komórka

የግንኙነት አዉታር

Sieć

ማባዣ ማሽን

Kopiarka

ሶፍትዌር

Oprogramowanie

ስልክ

Telefon

የግድግዳ ሶኬት

Gniazdko

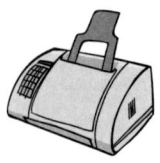

የፋክስ ማሽን

Faks

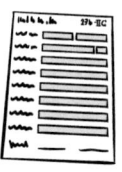

ቅፅ

Formularz

ሰነድ

Dokument

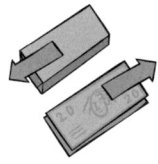

መግዛት

kupić

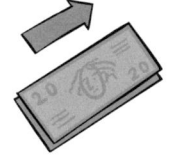

መክፈል

płacić

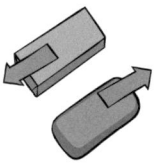

መነገድ

postępować

ገንዘብ

Pieniądze

ዶላር

Dolar

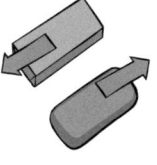  

ዩሮ

Euro

የን

Jen

ሩብል

Rubel

የስዊዝ ፍራንክ

Frank

ሬንሚንቢ የዋን

Juan Renminbi

ሩፒ

Rupia

የገንዘብ ነጥብ

Bankomat

የዉጭ ገንዘብ ምንዛሪ ቢሮ

Kantor wymiany walut

ወርቅ

Złoto

ብር

Srebro

ዘይት

Olej

ሀይል፤ ጉልበት

Energia

ዋጋ

Cena

ግንኙነት

Umowa

ቀረጥ

Podatek

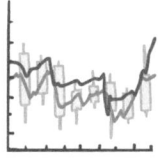

አክስዮን

Akcja

መስራት

pracować

ተቀጣሪ

Pracownik umysłowy

ቀጣሪ

Pracodawca

ፋብሪካ

Fabryka

ሱቅ

Sklep

የፖሊስ አባኸር
Policjant

የእሳት አደጋ ሰራተኛ
Strażak

ምግብ አብሳይ
Kucharz

ዶክተር
Lekarz

አብራሪ
Pilot

አትክልተኛ

Ogrodnik

እናጢ

Stolarz

ልብስ ሰፊ ሴት

Krawcowa

ዳኛ

Sędzia

ቀማሚ

Chemik

ተዋናይ

Aktor

የአዉቶቢስ ሹፈር

Kierowca autobusu

የታክሲ ሹፈር

Taksówkarz

አሳ አጥማጅ

Fischer

ፅዳት ሰራተኛ

Sprzątaczka

የጣራ ሰራተኛ

Dekarz

አስተናጋጅ

Kelner

አዳኝ

Myśliwy

ሰዓሊ

Malarz

ጋጋሪ

Piekarz

የኤሌትሪክ ሰራተኛ

Elektryk

ገምቢ

Robotnik budowlany

መሃሃዲስ

Inżynier

ልኳንዳ

Rzeźnik

የቧንቧ ሰራተኛ

Instalator

የፖስታ ሰራተኛ

Listonosz

ወታደር

Żołnierz

መሃንዲስ

Architekt

የሒሳብ ሰራተኛ

Kasjer

አበባ ሻጭ

Florysta

የፀጉር ሰራተኛ

Fryzjer

ቲኬት ቆራጭ

Konduktor

መካኒክ

Mechanik

ካፒቴን

Kapitan

የጥርስ ሐኪም

Dentysta

ተመራማሪ

Naukowiec

መምህር

Rabin

የሙስሊም ሃይማኖታዊ መሪ

Imam

መነኩሴ

Mnich

ካህን

Proboszcz

መሳሪያዎች

Narzędzia

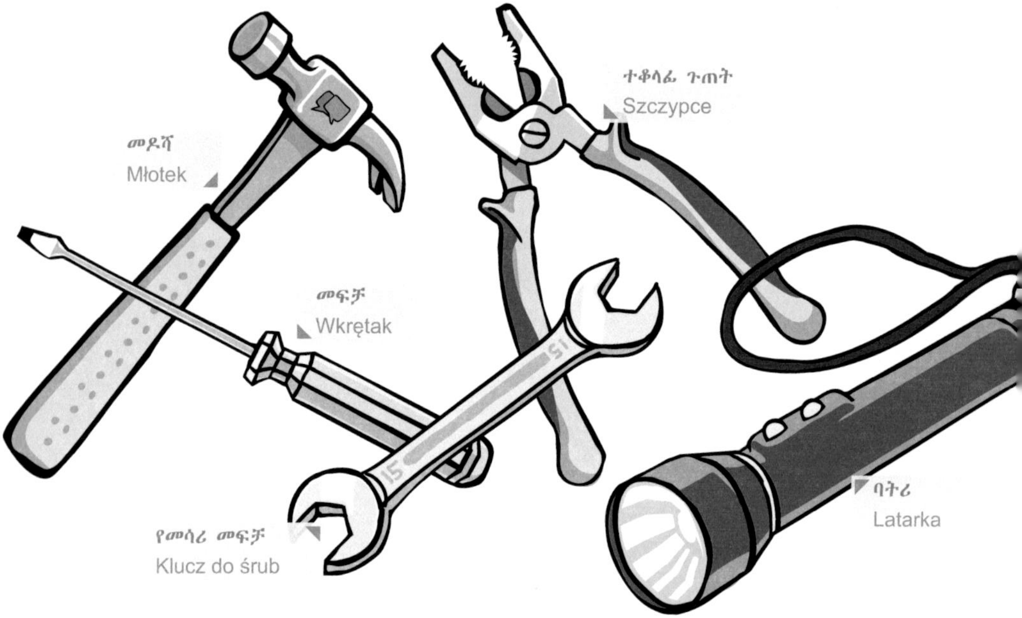

መዶሻ
Młotek
ተቆላፊ ጉጠት
Szczypce
መፍቻ
Wkrętak
የመሳሪ መፍቻ
Klucz do śrub
ባትሪ
Latarka

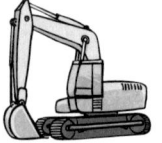

በቁፋሮ የሚዝቅ

Koparka

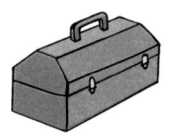

የመፍቻ ሳጥን

Skrzynka narzędziowa

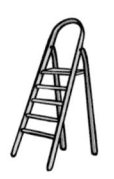

መሰላል

Drabina

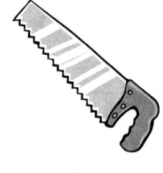

መጋዝ

Piła

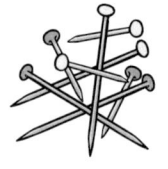

ምስማር

Gwoździe

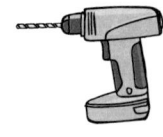

መሰርሰሪያ

Wiertło

መጠገን
....
naprawić

አካፋ
....
Łopatka

የተረገመ!
....
Cholera!

ቆሻሻ ማፈሻ
....
Szufelka

የቀለም ቆርቆሮ
....
Puszka z farbą

ብሎን
....
Śruby

የሙዚቃ መሳሪያዎች

Instrumenty muzyczne

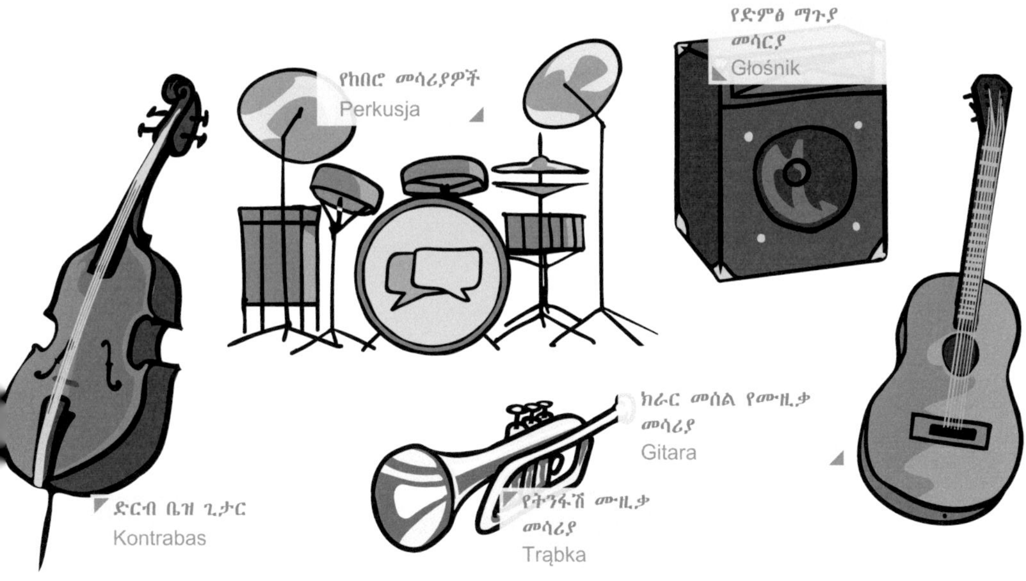

የድምፅ ማጉያ
መሳርያ
Głośnik

የከበሮ መሳሪያዎች
Perkusja

ክራር መስል የሙዚቃ
መሳሪያ
Gitara

▶ ድርብ ቤዝ ጊታር
Kontrabas

የትንፋሽ ሙዚቃ
መሳሪያ
Trąbka

ፒያኖ

Pianino

ቫዮሊን

Skrzypce

ወፍራም፤ ጎርናና ድምፅ ያለዉ
ክራር መስል ሙዚቃ መሳሪያ

Bas

ነጋሪት

Kotły

ከበሮ

Bęben

በኤሌክትሪክ የሚሰራ ፒኖ

Keyboard

የትንፋሽ ሙዚቃ መሳሪያ

Saksofon

ዋሽንት

Flet

የድምፅ ማጉያ

Mikrofon

የደር እንስሳት ማቆያ

Zoo

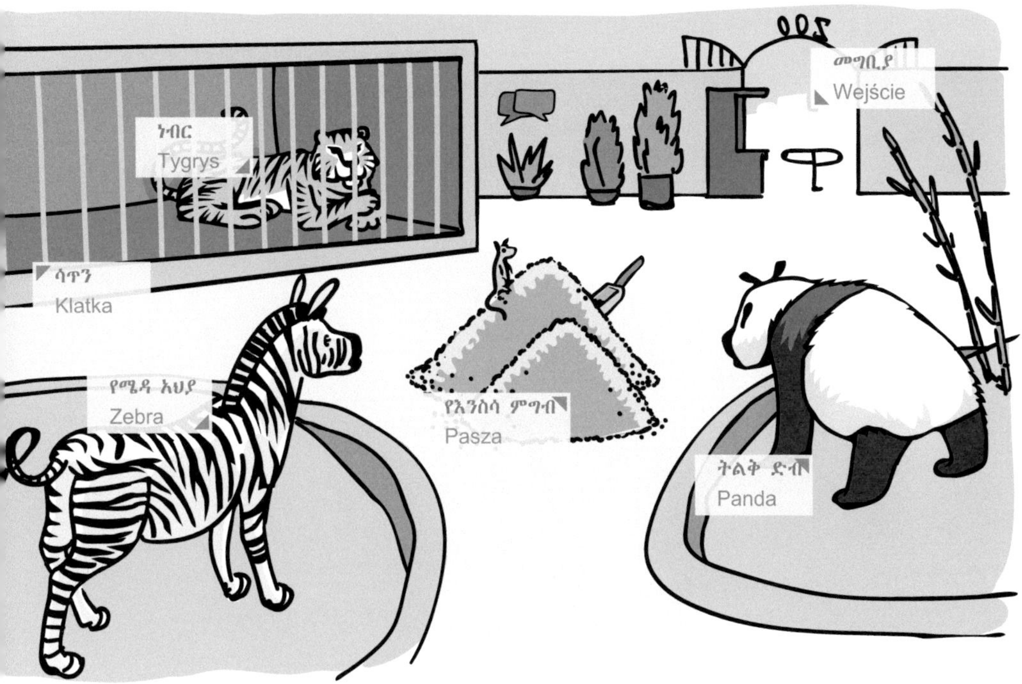

ነብር
Tygrys
መግቢያ
Wejście
ሳጥን
Klatka
የሜዳ አህያ
Zebra
የእንስሳ ምግብ
Pasza
ትልቅ ድብ
Panda

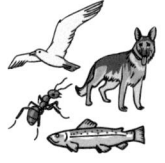

እንስሳቶች

Zwierzęta

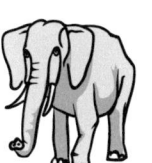

ዝሆን

Słoń

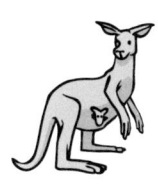

ካንጋሮ

Kangur

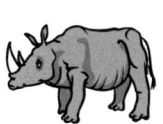

አዉራሪስ

Nosorożec

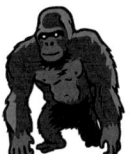

ትልቅ ዝንጀሮ

Goryl

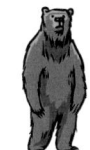

ድብ

Niedźwiedź

ግመል

Wielbłąd

ሰጎን

Struś

አንበሳ

Lew

ጦጣ

Małpa

ቅልጥመ ረኸም ወፍ

Fleming

በቀቀን

Papuga

የወፈልታ ድብ

Niedźwiedź polarny

የዋልታ ወፎች

Pingwin

ረጅም ጥርሶች ያሉትአሳ ነባሪ

Rekin

ጣዎስ

Paw

እባብ

Wąż

አዞ

Krokodyl

የዱር አራዊት የሚጠበቁበት
ማቆያን የሚጠብቅ

Dozorca w zoo

አሳ በሊታ የባህር እንስሳ

Foka

የዱር ድመት

Jaguar

ድንክ ፈረስ

Kucyk

ነብር

Gepard

ጉማሬ

Hipopotam

ቀጭኔ

Żyrafa

ንስር

Orzeł

ከርከሮ

Dzik

አሳ

Ryba

የባህር ኤሊ

Żółw

የባህር አውሬ

Mors

ቀበሮ

Lis

የሜዳ ፍየል ፤ ሚዳቋ

Gazela

የአሜሪካ እግርኳስ
Futbol amerykański

የብስክሌት ስፖርት
Kolarstwo

ቴኒስ
Tenis

የቅርጫት ኳስ
Koszykówka

ዋና
Pływanie

የቡጢ ስፖርት
Boks

የበረዶ ላይ የገና ጨዋታ
Hokej na lodzie

እግር ኳስ
·············
Piłka nożna

የላብ ኳስ ጨዋታ
·············
Badminton

አትሌቲክስ
·············
Lekka atletyka

የእጅ ኳስ ስፖርት
·············
Piłka ręczna

የበረዶ መንሸራተት ስፖርት
·············
Narciarstwo

ፈረስ ግልቢያ
·············
Polo

መዝለል
skakać

ማቀፍ
objąć

መሳቅ
śmiać się

መራመድ
iść

መዘመር
śpiewać

መፀለይ
modlić się

መሳም
całować

ህልም ማለም
marzyć

መፃፍ
pisać

መሳል
rysować

ማሳየት
pokazywać

መግፋት
nacisnąć

መስጠት
dać

መዉሰድ
wziąć

መያዝ

mieć

ማድረግ

robić

መሆን

być

መቆም

stać

መሮጥ

biegać

መሳብ

ciągnąć

መወርወር

rzucać

መዉደቅ

spaść

መዋሸት

leżeć

መጠበቅ

czekać

መሸከም

nosić

መቀመጥ

siedzieć

መልበስ

zakładać

መተኛት

spać

መንቃት

budzić się

መመልከት

spojrzeć

ማለልቀስ

płakać

መጫር

głaskać

ማበጠር

czesać się

ማዉራት

mówić

መረዳት

rozumieć

ጥያቄ

pytać

ማዳመጥ

słyszeć

መጠጣት

pić

መብላት

jeść

ማንፃት

sprzątać

ማፍቀር

kochać

ምግብ ማብሰል

gotować

መንዳት

jechać

መብረር

latać

መርከብ መንዳት

żeglować

ቁጥሮችን ማስላት

liczyć

ማንበብ

czytać

መማር

uczyć się

መስራት

pracować

ማግባት

wejść w związek małżeński

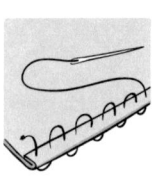

መስፋት

szyć

ጥርስ መቦረሽ

myć zęby

መግደል

zabić

ማጨስ

palić tytoń

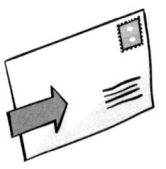

መላክ

wysłać

ቤተሰብ
Rodzina

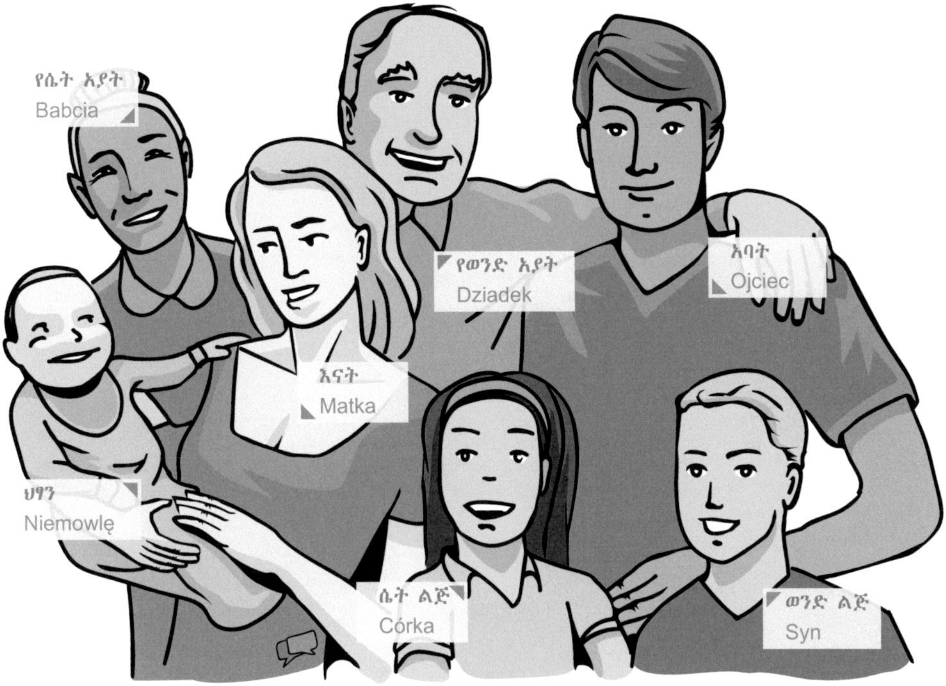
የሴት አያት
Babcia
የወንድ አያት
Dziadek
አባት
Ojciec
እናት
Matka
ህፃን
Niemowlę
ሴት ልጅ
Córka
ወንድ ልጅ
Syn

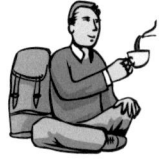

እንግዳ

Gość

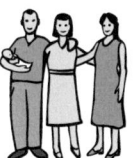

አክስት

Ciotka

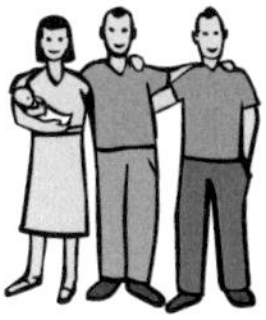

አጎት

Wujek

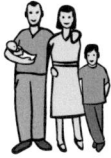

ወንድም

Brat

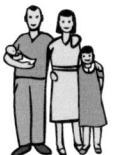

እህት

Siostra

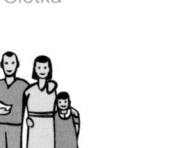

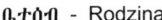

አካል

Ciało

ግንባር
Czoło
አይን
Oko
ትከሻ
Ramię
ጣት
Palec
ፊት
Twarz
አገጭ
Broda
እጅ
Ręka
ጡት
Pierś
እግር
Noga
ክንድ
Ramię

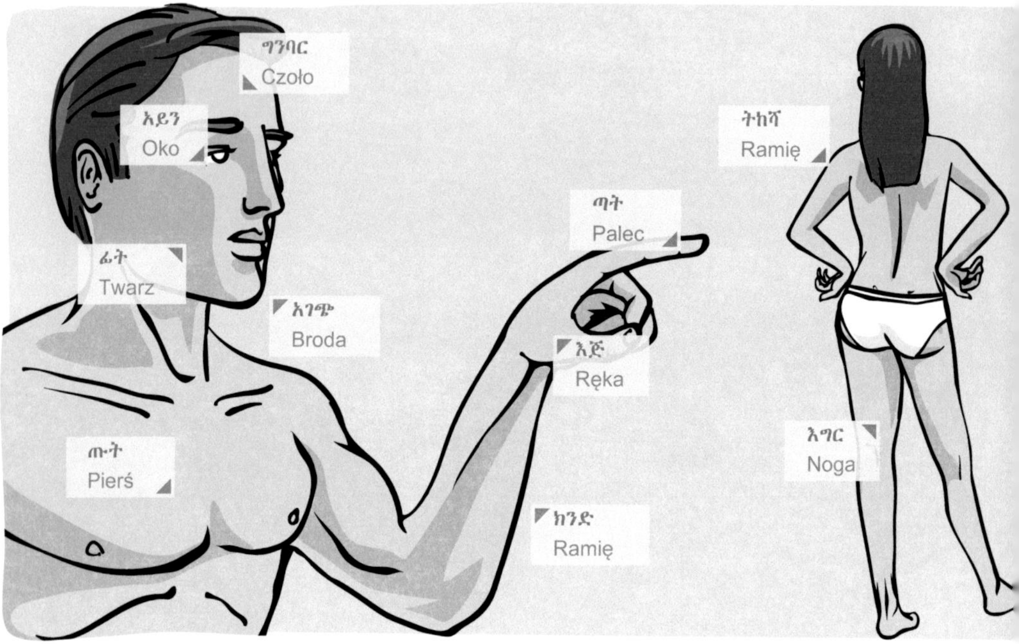

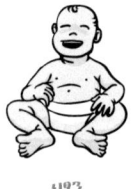

ህፃን

Niemowlę

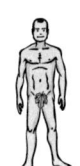

ሰዉ

Mężczyzna

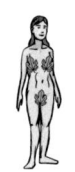

ሴት

Kobieta

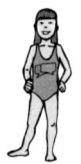

ልጃገረድ

Dziewczyna

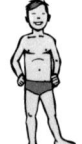

ወንድ ልጅ

Chłopiec

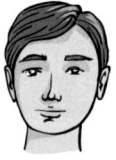

ራስ

Głowa

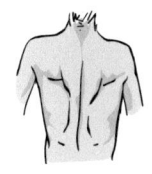

ጀርባ

Plecy

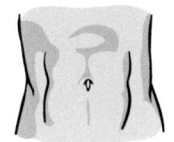

ሆድ

Brzuch

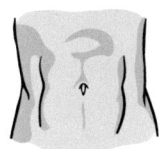

እምብርት

Pępek

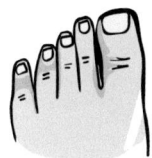

የእግር ጣት

palec nogi

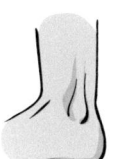

ተረከዝ

Pięta

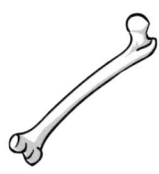

አጥንት

Kość

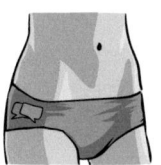

ዳሌ

Biodro

ጉልበት

Kolano

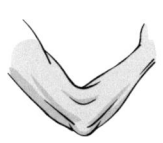

ክርን

Łokieć

አፍንጫ

Nos

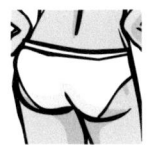

ቂጥ

Pośladki

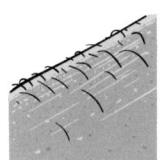

ቆዳ

Skóra

ጉንጭ

Policzek

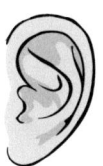

ጆሮ

Uszy

ከንፈር

Warga

አካል - Ciało 69

አፍ

Usta

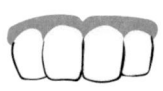

ጥርስ

Ząb

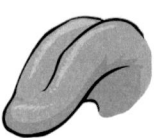

ምላስ

Język

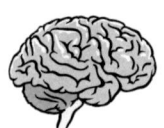

አንጎል

Mózg

ልብ

Serce

ጡንቻ

Mięsień

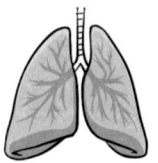

ሳምባ

Płuca

ጉበት

Wątroba

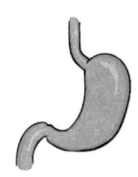

ሆድ

Żołądek

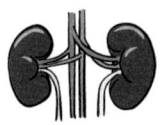

ኩላሊቶች

Nerki

የግብረስጋ ግንኙነት

Stosunek płciowy

ኮንዶም

Kondom

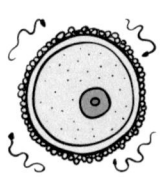

የሴት እንቁላል

Komórka jajowa

የዘር ፈሳሽ

Sperma

እርግዝና

Ciąża

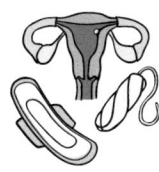

የወር አበባ

Menstruacja

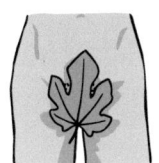

እምስ

Wagina

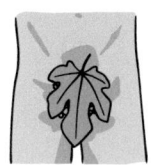

ቁላ

Penis

ቅንድብ

Brew

ፀጉር

Włosy

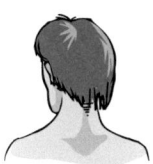

አንገት

Szyja

ሆስፒታል
Szpital

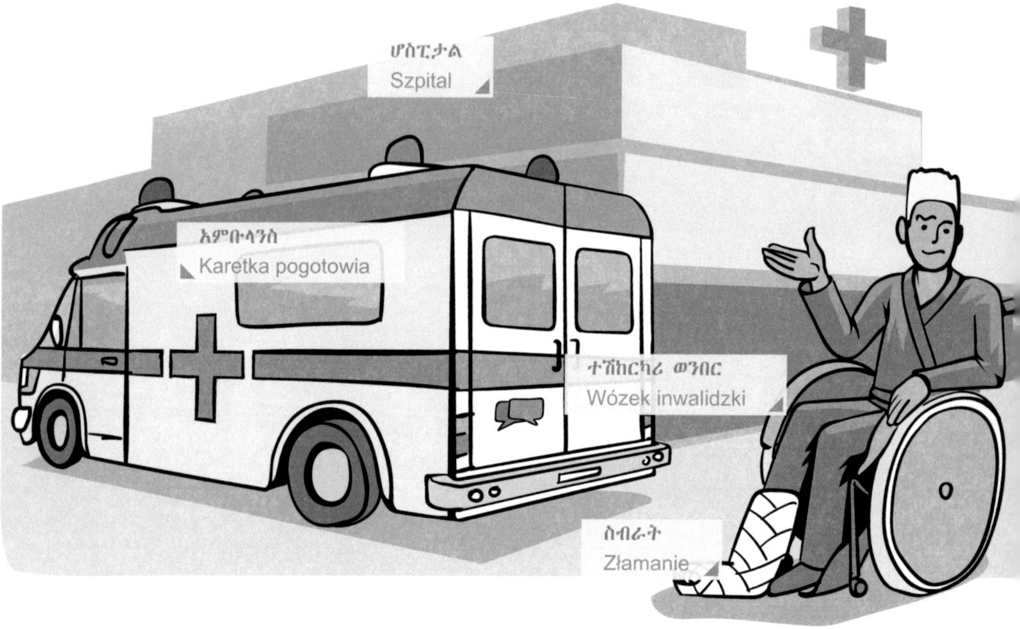

ሆስፒታል
Szpital
አምቡላንስ
Karetka pogotowia
ተሽከርካሪ ወንበር
Wózek inwalidzki
ስብራት
Złamanie

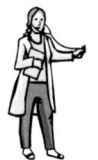

ዶክተር

Lekarz

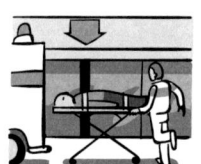

ድንገተኛ ክፍል

Izba przyjęć

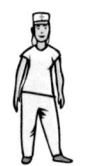

ነርስ

Pielęgniarka

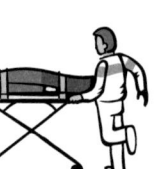

ድንገተኛ

Nagły przypadek

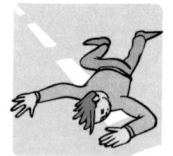

ራስን መሳት/ አለማወቅ

nieprzytomny

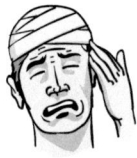

ህመም

Ból

ጉዳት

Skaleczenie

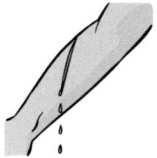

መድማት

Krwawienie

የልብ ድካም

Zawał serca

ስትሮክ

Udar mózgu

አለርጂ

Alergia

ሳል

Kaszleć

ትኩሳት

Gorączka

ኢንፍሉዌንዛ

Grypa

ተቅማጥ

Biegunka

የራስ ምታት

Ból głowy

ካንሰር

Rak

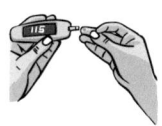

የስኳር በሽታ

Cukrzyca

ቀዶ ጠጋኝ ሐኪም

Chirurg

የቀዶ ጥገና ስለት

Skalpel

ቀዶ ጥገና

Operacja

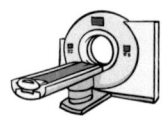

ሲቲ

CT

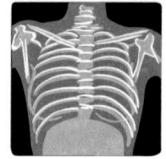

ኤክስሬዮ

Rentgen

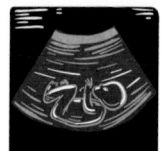

አልትራሳዉንድ

Ultradźwięki

የፊት ጭምብል

Maska

በሽታ

Choroba

መጠበቂያ ክፍል

Poczekalnia

ምርኩዝ

Kula

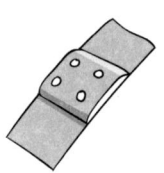

የቁስል ማሽጊያ

Plaster

ፋሻ

Opatrunek

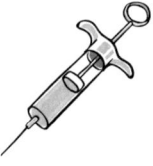

መርፌ

Iniekcja

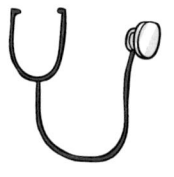

የልብ ምት ማዳመጫ መሳሪያ

Stetoskop

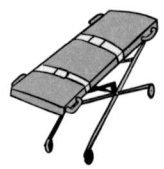

የበሽተኛ አልጋ

Nosze

የህክምና ሙቀት መለኪያ መሳሪያ

Termometr

መውለድ

Poród

ክልክ ያለፈ ክብደት

Nadwaga

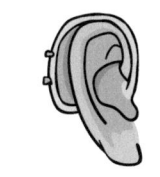

ለመስማት የሚረዳ መሳሪያ

Aparat słuchowy

ፀረ ተባይ መድሀኒት

Środek dezynfekcyjny

ማመርቀዝ

Infekcja

ቫይረስ

Wirus

ኤች አይቪ ኤድስ

HIV / AIDS

ህክምና

Medycyna

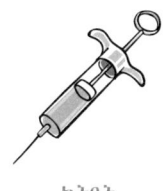

ክትባት

Szczepienie

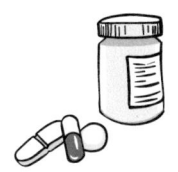

ኪኒን

Tabletki

ኪኒን

Pigułka

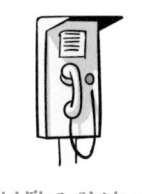

አስቸኳይ የስልክ ጥሪ

Telefon ratunkowy

ደም ግፊት መቆጣጠሪያ

Ciśnieniomierz krwi

ህመም/ ጤነነት

chory / zdrowy

እርዳታ!

Pomocy!

ማንቂያ ደዋል

Alarm

ጥቃት

Napad

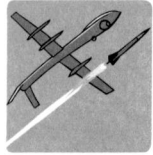

ድብደባ

Atak

አደጋ

Niebezpieczeństwo

የድንገተኛ መውጫ

Wyjście awaryjne

እሳት!

Pożar!

እሳት ማጥፊያ

Gaśnica

አደጋ

Wypadek

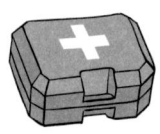

የመጀመሪያ እርዳታ መድሃኒት መያዣ

Walizeczka pierwszej pomocy

ነፍስ አድን

SOS

ፖሊስ

Policja

አዉሮፓ

Europa

ሰሜን አሜሪካ

Ameryka Północna

ደቡብ አሜሪካ

Ameryka Południowa

አፍሪካ

Afryka

እስያ

Azja

አዉስትራሊያ

Australia

አትላንቲክ

Atlantyk

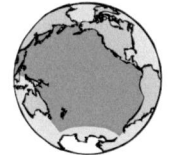

ፓስፊክ

Pacyfik

የህንድ ዉቅያኖስ

Ocean Indyjski

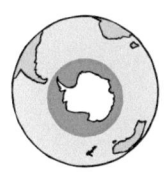

አንታርክቲክ ዉቅያኖስ

Ocean Antarktyczny

አርክቲክ ዉቅያኖስ

Ocean Arktyczny

ሰሜን ዋልታ

Biegun północny

ደቡብ ዋልታ

Biegun południowy

አንታርክቲካ

Antarktyda

ምድር

Ziemia

መሬት

Kraj

ባህር

Morze

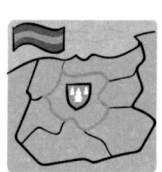

ደሴት

Wyspa

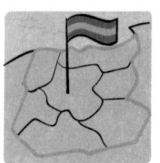

አገርና ህዝብ

Naród

መንግስት

Państwo

የሰዓት ገፅታ

Cyferblat

ሰዓት

Wskazówka godzinowa

ደቂቃ

Wskazówka minutowa

ሴኮንድ

Wskazówka sekundowa

ስንት ሰዓት ነው?

Która godzina?

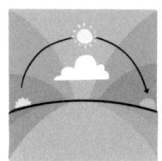

ቀን

Dzień

ጊዜ

Czas

አሁን

teraz

የቁጥር ሰዐት

Zegarek digitalny

ደቂቃ

Minuta

ሰዓታት

Godzina

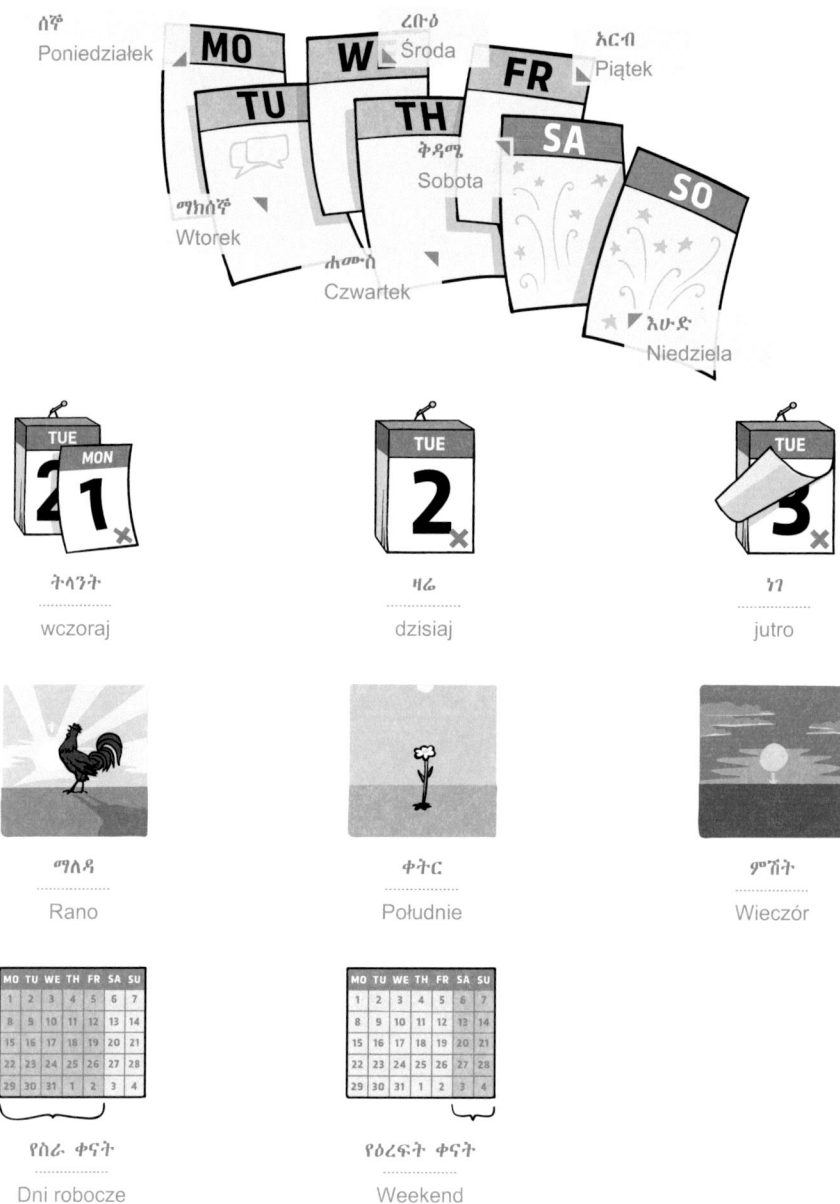

ሰኞ
Poniedziałek

ረቡዕ
Środa

አርብ
Piątek

ማክሰኞ
Wtorek

ቅዳሜ
Sobota

ሐሙስ
Czwartek

እሁድ
Niedziela

ተላንት
wczoraj

ዛሬ
dzisiaj

ነገ
jutro

ማለዳ
Rano

ቀትር
Południe

ምሽት
Wieczór

MO	TU	WE	TH	FR	SA	SU
1	2	3	4	5	6	7
8	9	10	11	12	13	14
15	16	17	18	19	20	21
22	23	24	25	26	27	28
29	30	31	1	2	3	4

የስራ ቀናት
Dni robocze

MO	TU	WE	TH	FR	SA	SU
1	2	3	4	5	6	7
8	9	10	11	12	13	14
15	16	17	18	19	20	21
22	23	24	25	26	27	28
29	30	31	1	2	3	4

የዕረፍት ቀናት
Weekend

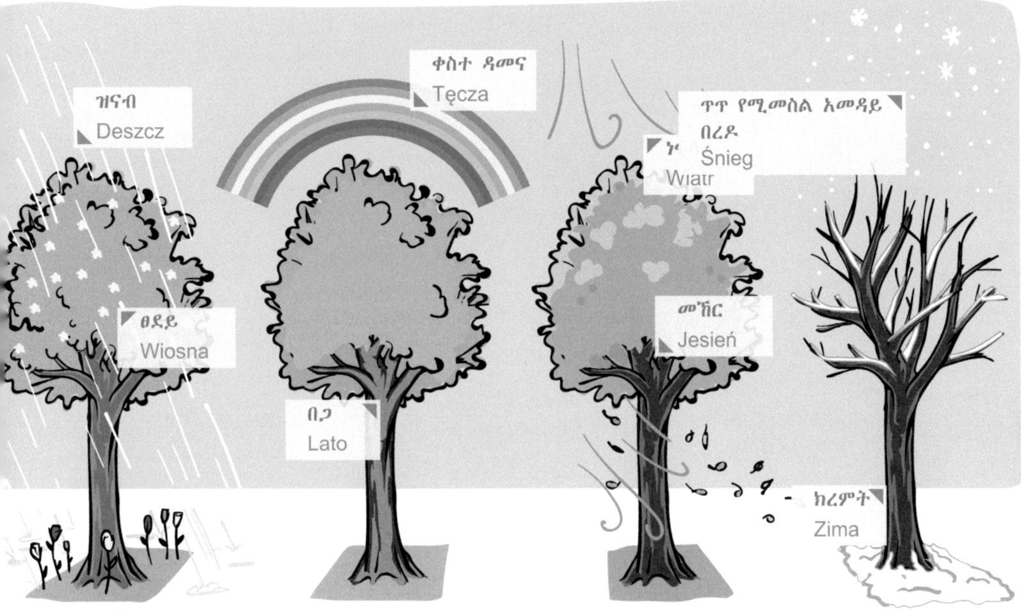

ዝናብ
Deszcz

ቀስተ ዳመና
Tęcza

ጥጥ የሚመስል አመዳይ
በረዶ
Śnieg

ንፋስ
Wiatr

ፀደይ
Wiosna

መኸር
Jesień

በጋ
Lato

ክረምት
Zima

የአየር ሁኔታ ትንበያ

Prognoza pogody

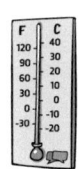

የሙቀት መለኪያ

Termometr

የፀሀይ ሙቀት

Światło słoneczne

ደመና

Chmura

ጭጋግ

Mgła

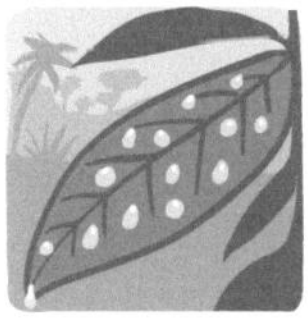

እርጥበታማነት

Wilgotność powietrza

መብረቅ

Błyskawica

ነጎድጓድ

Grzmot

አውሎ ንፋስ

Sztorm

የበረዶ ዝናብ

Grad

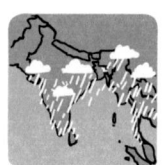

አውሎ ንፋስ

Monsun

ጎርፍ

Potop

በረዶ

Lód

ጥር

Styczeń

የካቲት

Luty

መጋቢት

Marzec

ሚያዚያ

Kwiecień

ግንቦት

Maj

ሰኔ

Czerwiec

ሐምሌ

Lipiec

ነሐሴ

Sierpień

መስከረም

Wrzesień

ጥቅምት

Październik

ህዳር

Listopad

ታህሳስ

Grudzień

ቅርየች

Kształty

ክብ
Koło

አራት ማዕዘን
Kwadrat

አራት ቀጥተኛ ማዕዘኖች ጎኖች
ያሉት ቅርፅ
Prostokąt

ሶስት ማዕዘን
Trójkąt

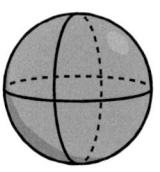

ሉል
Kula

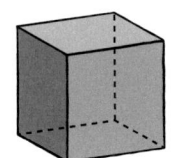

ስድስት ጎን ያለዉ ቅርፅ
Sześcian

ነጭ

biały

ቢጫ

żółty

ብርቱካናማ

pomarańczowy

ሮዝ

różowy

ቀይ

czerwony

ወይን ጠጅ

liliowy

ሰማያዊ

niebieski

አረንጓዴ

zielony

ቡኒ

brązowy

ግራጫ

szary

ጥቁር

czarny

ብዙ/ ጥቂት

dużo / mało

ንዴት/ እርጋታ

wściekły / spokojny

ቆንጆ/ አስቀያሚ

piękny / brzydki

ጅማሪ/ ፍፃሜ

początek / koniec

ትልቅ/ ትንሽ

duży / mały

ደማቅ/ ደብዛዛ

jasny / ciemny

ወንድም/ እህት

brat / siostra

ንፁህ/ ቆሻሻ

czysty / brudny

የተሟሊ/ ያልተሟላ

kompletny / niekompletny

ቀን/ ምሽት

dzień / noc

የሞተ/ ህያዉ

umarły / żywy

ሰፊ/ ጠባብ

szeroki / wąski

የሚበላ/ የማይበላ

jadalny / niejadalny

ክፉ/ ደግ

zły / uprzejmy

ደስተኛ/ ድብርተኛ

podniecony / znudzony

ወፍራም/ ቀጭን

gruby / chudy

መጀመርያ/ መጨረሻ

najpierw / na końcu

ጓደኛ/ ጠላት

przyjaciel / wróg

ሙሉ/ ጎዶሎ

pełen / pusty

ጠንካራ/ ለስላሳ

twardy / miękki

ከባድ/ ቀላል

ciężki / lekki

ረሃብ/ ጥማት

głód / pragnienie

ህመም/ ጤንነት

chory / zdrowy

ህገወጥ/ ህጋዊ

nielegalny / legalny

ጎበዝ/ ደደብ

inteligentny / głupi

ግራ/ ቀኝ

lewo / prawo

ቅርብ/ ሩቅ

bliski / daleki

አዲስ/ አሮጌ

nowy / używany

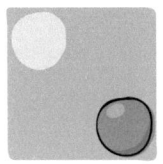

ምንም/ የሆነ ነገር

nic / coś

ሽማግሌ/ ወጣት

stary / młody

የበራ/ የጠፋ

włącz / wyłącz

ክፍት/ ዝግ

otwarty / zamknięty

ፀጥታ/ ጫጫታ

cichy / głośny

ሃብታም/ ደሃ

bogaty / biedny

ትክክለኛ/ የተሳሳተ

prawidłowy / błędny

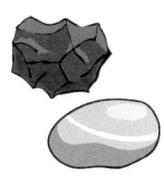

ሻካራ/ ለስላሳ

chropowaty / gładki

ሐዘን/ ደስታ

smutny / szczęśliwy

አጭር/ ረዥም

krótki / długi

ዝግተኛ/ ፈጣን

powolny / szybki

እርጥብ/ ደረቅ

mokry/suchy

ሞቃት/ ቀዝቃዛ

ciepły / chłodny

ጦርነት/ ሰላም

wojna / pokój

0
ዜሮ
zero

1
አንድ
jeden

2
ሁለት
dwa

3
ሶስት
trzy

4
አራት
cztery

5
አምስት
pięć

6
ስድስት
sześć

7
ሰባት
siedem

8
ስምንት
osiem

9
ዘጠኝ
dziewięć

10
አስር
dziesięć

11
አስራ አንድ
jedenaście

12

አስራ ሁለት

dwanaście

13

አስራ ሶስት

trzynaście

14

አስራ አራት

czternaście

15

አስራ አምስት

piętnaście

16

አስራ ስድስት

szesnaście

17

አስራ ሰባት

siedemnaście

18

አስራ ስስምንት

osiemnaście

19

አስራ ዘጠኝ

dziewiętnaście

20

ሃያ

dwadzieścia

100

መቶ

sto

1.000

ሺህ

tysiąc

1.000.000

ሚሊዮን

milion

 እንግሊዝኛ

Angielski

የአሜሪካ እንግሊዝኛ

Angielski amerykański

የቻይና ማንዳሪን

Chiński mandaryński

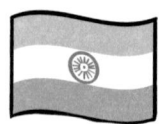

ሂንዱ

Hindi

ስፓኒሽ

Hiszpański

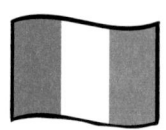

ፍሬንች

Francuski

አረብኛ

Arabski

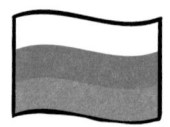

ራሺያኛ

Rosyjski

ፖርቹጊዝ

Portugalski

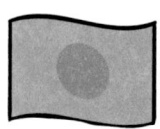

ቤንጋሊ

Bengalski

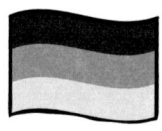

ጀርመን

Niemiecki

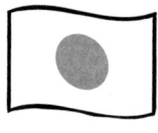

ጃፓንኛ

Japoński

እኔ

ja

አንተ

ty

እሱ/ እርሷ/ እቃዉ

on / ona / ono

እኛ

my

አንተ

wy

እነርሱ

oni

ማን?

kto?

ምን?

co?

እንዴት?

jak?

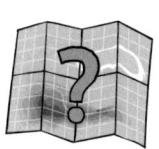

የት?

gdzie?

መቼ?

kiedy?

ስም

Nazwisko

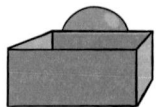

በስተጀርባ

za

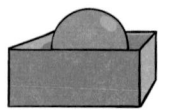

ዉስጥ

w

ከፊት ለፊት

przed

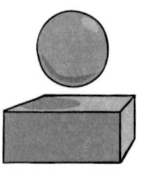

ከላይ

powyżej

ላይ

na

ከስር

pod

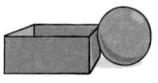

አጠገብ

obok

መሃከል

między

ቦታ

Miejsce